商业银行 532 模式

从激励到凝聚

孙军正◎著

中华工商联合出版社

图书在版编目（CIP）数据

商业银行 532 模式：从激励到凝聚 / 孙军正著.
北京：中华工商联合出版社，2025. 1. -- ISBN 978-7
-5158-3914-1

Ⅰ．F830.33

中国国家版本馆 CIP 数据核字第 2025MP1645 号

商业银行532模式：从激励到凝聚

作　　　者：	孙军正
出 品 人：	刘　刚
图 书 策 划：	蓝色畅想
责 任 编 辑：	吴建新　林　立
装 帧 设 计：	胡椒书衣
责 任 审 读：	郭敬梅
责 任 印 制：	陈德松
出 版 发 行：	中华工商联合出版社有限责任公司
印　　　刷：	三河市九洲财鑫印刷有限公司
版　　　次：	2025年2月第1版
印　　　次：	2025年2月第1次印刷
开　　　本：	710mm×1000mm　1/16
字　　　数：	200千字
印　　　张：	15
书　　　号：	ISBN 978-7-5158-3914-1
定　　　价：	56.00元

服务热线：010-58301130-0（前台）

销售热线：010-58302977（网店部）
　　　　　010-58302166（门店部）
　　　　　010-58302837（馆配部、新媒体部）
　　　　　010-58302813（团购部）

地址邮编：北京市西城区西环广场A座
　　　　　19-20层，100044

http://www.chgscbs.cn

投稿热线：010-58302907（总编室）

投稿邮箱：1621239583@qq.com

工商联版图书
版权所有　盗版必究

凡本社图书出现印装质量问题，
请与印务部联系。

联系电话：010-58302915

前　言

在金融服务的竞技场上，商业银行一方面必须面对严峻的市场挑战，另一方面又要站在新技术和客户需求变革的风口浪尖。银行成功的关键就在于能否有效地应对这些挑战并把握其中的机遇。因此，引进科学的管理策略显得尤为重要。本书提出的532模式，正是基于这样的理念，力图通过激发员工潜力和增强团队凝聚力来推动银行的稳步前进。

532模式是一套综合的管理框架，它把员工的积极性和团队协作置于核心位置，旨在形成一个具备竞争力的工作环境，提高银行的整体绩效。通过细致的策略和执行步骤，我们期望为商业银行在现代金融环境中的稳固和成长提供动力。

在这一模式的实行过程中，我们将首先确定银行的明确目标与方向，接着深入分析现状以辨识潜在的挑战；随后，将精心制订并实施计划，确立每项举措、时间节点和责任分配。这一切的执行将伴随着细致的监控与评估，以确保策略的有效实施，并根据结果进行必要的调整。

应用532模式，我们预计将实现以下目标：提升员工的参与度与积极性，加强团队合作的凝聚力，促进企业文化和价值观的内化，以及促进业务的创新和扩展。我们相信，通过有效激励员工并与他们达成共鸣，加之团队的集体努力,将会大幅提高银行创造价值的能力,并为客户提供卓越服务。

然而,在践行532模式的同时,必须意识到可能遭遇的挑战。我们可能会面临激励机制的局限、团队协作的障碍、企业文化转型的长期作用及业务创新的不确定性。为了有效应对这些挑战,我们准备了一系列策略:确保激励制度的公平性和透明度,通过持续的团队建设和沟通训练来加固凝聚力,主动推动组织文化的逐步优化,并为创新提供必要的资源与支持。

本书所呈现的不仅是理论和模型本身,更是关于如何在激烈竞争中持续发展与壮大的一系列切实可行的方案。随着532模式的实施和推广,我们期待商业银行在全球金融市场中取得更为显著的成功,并期盼这一模式能为整个行业带来长远的正面影响。

目　录

第一部分　商业银行 532 模式之激励机制

第一章　532 模式：商业银行的管理新工具 / 3
　　第一节　商业银行培训的背景与现状 / 4
　　第二节　532 模式诞生的背景及其定义 / 11
　　第三节　532 模式对商业银行的影响 / 16
　　第四节　商业银行的激励之痛 / 22
　　第五节　引入新激励机制的重要性 / 29

第二章　532 模式的激励机制 / 31
　　第一节　激励机制的整体作用 / 32
　　第二节　获客系统中的激励策略 / 35
　　第三节　运营系统的激励措施 / 40
　　第四节　联动系统的团队激励 / 44
　　第五节　532 模式在中国农业银行的应用 / 48

第三章　行为习惯的自我激励机制 / 51

　　第一节　培训激励 / 52

　　第二节　企业文化激励 / 54

　　第三节　合规激励 / 57

　　第四节　客户服务激励 / 60

　　第五节　非物质激励 / 63

　　第六节　客户经理的激励之旅 / 65

第四章　激发工作动力机制 / 69

　　第一节　薪酬激发 / 70

　　第二节　晋升激发 / 73

　　第三节　创新激发 / 77

　　第四节　授权激发 / 81

　　第五节　市场竞争激发 / 85

　　第六节　科技创新激发 / 89

　　第七节　团队建设激发 / 92

　　第八节　社会责任激发 / 96

　　第九节　工作动力激发机制的案例 / 99

第二部分　商业银行 532 模式之凝聚机制

第五章　532 模式的凝聚力量 / 105

　　第一节　凝聚力量的理论基础 / 106

　　第二节　532 模式与凝聚力量的关系 / 111

　　　　第三节　获客系统中的凝聚力量 / 113

　　　　第四节　运营系统中的凝聚力量 / 117

　　　　第五节　联动系统中的凝聚力量 / 121

　　　　第六节　B 银行的 532 转型 / 125

第六章　商业银行凝聚力的基础 / 129

　　　　第一节　共同的目标和愿景 / 130

　　　　第二节　有效的沟通和信任 / 134

　　　　第三节　公平公正的内部环境 / 137

　　　　第四节　员工参与感和归属感 / 141

　　　　第五节　分行经理的团队凝聚案例 / 144

第七章　商业银行凝聚力的建设 / 147

　　　　第一节　培养良好的企业文化 / 148

　　　　第二节　强化员工关怀和激励 / 152

　　　　第三节　提升团队合作和协调性 / 156

　　　　第四节　通过培训和教育增强团队能力 / 161

　　　　第五节　构建凝聚力带来团队蜕变 / 164

第八章　商业银行凝聚力的表现 / 167

　　　　第一节　高效率和高质量的金融服务 / 168

　　　　第二节　客户满意度和忠诚度 / 171

　　　　第三节　员工满意度和留任率 / 174

　　　　第四节　良好的团队合作和内部沟通 / 177

　　　　第五节　信任与效能的统筹案例 / 180

第九章　商业银行凝聚力的未来发展 / 183

第一节　适应金融科技的发展 / 184

第二节　强化员工教育和培训 / 187

第三节　优化企业文化和内部管理 / 190

第四节　持续改进和提高凝聚力 / 193

第五节　智链银行的凝聚力之旅 / 197

第三部分　商业银行 532 模式之岗位与建功机制

第十章　商业银行的岗位分配 / 203

第一节　商业银行岗位的分类与职责 / 204

第二节　建功机制的核心内容 / 209

第三节　建功机制在商业银行岗位中的应用 / 213

第四节　中国银行岗位建功机制案例 / 216

第十一章　商业银行岗位中的建功机制 / 219

第一节　前台业务岗位中的建功机制 / 220

第二节　中台风控和合规岗位中的建功机制 / 223

第三节　后台支持岗位中的建功机制 / 225

第四节　管理岗位中的建功机制 / 228

第五节　建功机制对岗位工作提升的案例 / 230

第一部分 商业银行

532模式之激励机制

第一章

532 模式：商业银行的管理新工具

第一节　商业银行培训的背景与现状

在当今竞争激烈的金融市场中，商业银行作为重要的金融机构扮演着关键的角色。为了能在市场中保持竞争优势并持续提供卓越的金融服务，除了更新产品、提升技术外，商业银行还必须"修炼内功"，即不断提升员工的专业知识和技能。因此，员工培训已成为商业银行不可或缺的一部分。

一、商业银行培训的背景

回顾商业银行培训的背景可以看出，商业银行的培训历程是一个逐渐演变的过程，受多种因素影响，包括监管要求、技术进步、市场竞争与金融危机等事件。商业银行的培训至少经历了以下几个阶段（如图1-1所示）：

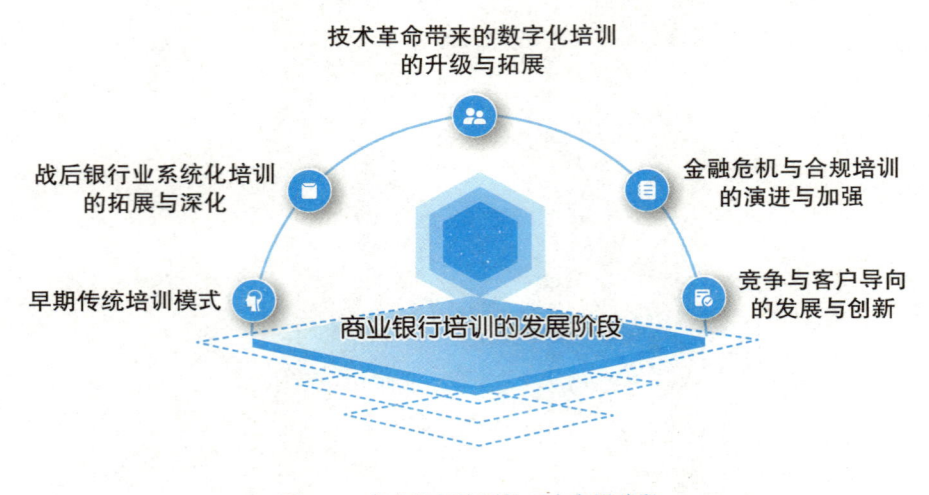

图1-1　商业银行培训的五个发展阶段

1. 早期传统培训模式。

最早期的商业银行培训是以师徒制为主要模式的。银行组织新员工与经验丰富的高级银行人员进行一对一学习，以老带新，帮助新员工掌握业务知识和操作技能。这种模式较为朴素，重视实践经验的传承，新员工的成就很大程度上取决于老员工的经验和责任心。培训质量难以保证，培训效率也较为低下。

20世纪初，随着工业化的推进和大规模商业活动的兴起，商业银行加速成长，银行业务的复杂性日益增加，规模也日益扩大，师徒制的不足开始显露。此时，随着教育学的发展和组织结构的变化，银行开始引入更系统化的培训程序。

2. 战后银行业系统化培训的拓展与深化。

随着第二次世界大战结束，世界各国着手重建和发展经济。在这一背景下，随着经济活动的逐步增加和多元化，商业银行迎来了势不可挡的客户增长和业务扩展潮流。尤其是在制造业、房地产和服务业的蓬勃发展的带动下，银行业务种类和数量急剧增加，交易更加频繁，且复杂度日益加深。因此，银行组织不得不寻求更为创新和科学的方法来管理内部运作并优化客户服务。

对此，商业银行开始构建一套更为系统化和标准化的内部培训体系以应对市场的挑战。这套培训体系涵盖从基础金融知识，如货币政策、贷款服务、投资管理等，到高级的管理能力、领导力和决策力的培训。同时，培训内容也开始注重实务操作技能，如现金管理、信贷风险评估，以及最新的金融工具和技术，如现代的电子银行服务和计算机化会计系统。此外，银行还着重提升员工的沟通能力，以确保能够有效地与客户进行交流并提供个性化服务。

除此之外，商业银行也看重员工的综合素质培养，增加了包括职业道德、法规遵循和团队协作等非技术性培训模块，意在构建一个诚信可靠、高效协调的工作环境。一些大型银行还成立了自己的培训学院，或与大学、专业机构合作，设计出符合银行情况的专业发展项目和认证课程，为员工提供持续的学习和发展机会。

系统化培训的实施，显著提升了银行员工的专业水平和业务处理能力，进一步增强了商业银行在激烈竞争中的市场地位，并为银行打下了坚实的人才培养基础，使银行能够获得持续发展。

3. 技术革命带来的数字化培训的升级与拓展。

随着20世纪70年代后期至80年代初期信息技术革命的加速，尤其是个人计算机的广泛应用和互联网技术的初步发展，商业银行的培训模式迎来了跨时代的变革。这一时期，数字化培训不仅代表了一种新兴的学习手段，更标志着教育和知识传播方式的重大转型（如图1-2所示）。

A 培训方法的更新	视频教学、在线课程、模拟操作软件等
B 银行业务多元化	金融衍生品、在线银行服务、电子支付系统等
C 系统性金融风险的防范	道德规范、反洗钱、反恐融资、数据保护法等

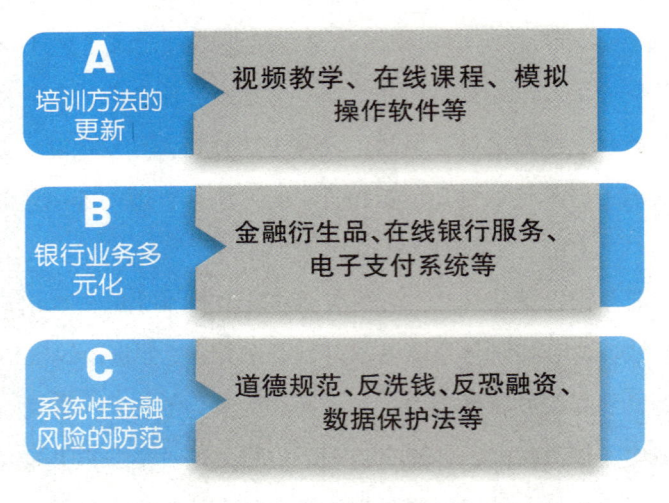

图1-2 数字化培训的升级与拓展

在这一进程中，银行开始建设自己的线上学习平台和内部培训网络系统，利用视频教学、在线课程、模拟操作软件等多媒体工具，为员工提供更加灵活、便捷的学习资源。通过这些平台，银行能够持续更新教学内容，迅速将最新的市场信息、政策变动和业务策略反映在培训材料中。远程教育的实施让分布在不同地区，甚至是不同国家的银行员工，都能有机会接受统一质量的培训，保持全体员工水平的同步提高。

技术革命带来的不只是培训方法的更新，更关键的是银行业务呈现出前所未有的多元化与复杂度。金融衍生品、在线银行服务、电子支付系统等新兴业务纷纷出现，这些新产品、新服务的设计与营销需要银行员工掌握更加专业的知识和技能。因此，银行培训的内容也更加丰富和深入，涵盖金融工程、资产管理、电子商务、网络安全、数据分析等高技术背景下的专业领域。

同时，为了保障银行运作的合规性，以及为了防范系统性金融风险，合规与风险管理成为银行培训的重点。在这一过程中，培训课程不仅注重法律法规的学习，而且涵盖了道德规范、反洗钱、反恐融资、数据保护法等与全球银行业务相关的合规要求。

数字化培训的推广为银行员工个性化和终身学习创造了有利条件，有助于培养思维灵活、有创新意识的银行人才，同时可以提升整个银行系统适应快速变化的金融市场的能力。

4. 金融危机与合规培训的演进与加强。

2008年全球金融危机不仅震撼了世界经济，更深刻揭示了金融行业在风险管理和合规体系方面的缺陷。这场危机促使国际社会对整个金融体系进行深度反思和审视，并推动了一系列影响深远的监管改革和政策调整。

面对危机后严格的监管环境和公众对金融稳定性的关切，全球银行业开始着重强化员工的风险意识、法律法规遵守、道德责任与风险控制的培训。商业银行对培训内容进行了重新规划和设计，将合规教育设为核心项目之一。培训课程现包含了从洗钱防范措施、反欺诈策略、信贷评估到资本充足率、压力测试及衍生品市场的操作规则等领域。

特别是如美国的《多德-弗兰克华尔街改革与消费者保护法案》及欧洲的《资本要求指令四》（CRD Ⅳ）等监管改革，对银行的合规要求提出了更高的标准。银行为了响应这些改变，不得不加大对合规培训项目的投资，包括更新教育课程内容、加强现场实训演练、启用更多的模拟场景与案例学习，确保员工对法规有着深入了解，并将其内化为日常业务的一部分。

与此同时，银行还开始利用先进的数据分析和人工智能工具来识别潜在风险，因此，合规培训中也增加了关于这些技术的理论知识和操作技巧的教学。此外，合规培训的频率和力度均有所增强，常态化培训与周期性评估都受到重视，以便持续提升合规文化和风险管理能力。

金融危机后的合规培训不仅是对员工个人责任和职业技能的增强，同时也是对银行企业文化和价值观的重塑。通过这种全方位的教育和实践，商业银行期望建立起更加坚实的信任基础，确保在未来金融市场中稳健、合法、道德地运作。

5. 竞争与客户导向的发展与创新。

在市场经济全球化和竞争日益激烈的背景下，客户需求变得更为多样化和复杂化。银行业为了抢占市场份额，认识到提升客户满意度和维护客户忠诚度的重要性，客户导向逐渐成为业务发展的核心。为了适应这一转变，银行的培训策略和内容也发生了显著变化。

将营销技能、顾问式销售和客户关系管理等内容纳入培训范围，目的在于使银行员工能够更好地理解客户的需求，提供更为精准和高质量的服务。培训课程不仅着重于产品知识和市场动态，还强调服务流程的优化、客户沟通技巧及客户情感需求的把握。

为了模拟真实的客户互动环境，银行可以采用情景模拟、角色扮演、互动工作坊等动态教学方法。这些方法能够让员工在模拟的业务场景中实践和锻炼，从而在非预设的情景中快速做出反应，提高解决问题的能力，并培养出更加积极主动的服务态度。同时，这类培训还加强了员工对客户细微情绪变化的洞察力和同理心，从而提升了整体的客户服务体验。

此外，随着大数据、人工智能和客户关系管理（CRM）系统的发展，银行培训项目中也开始整合这些技术工具的操作与应用方法。通过数据分析，员工能够对客户行为进行更准确的预测，制定个性化的服务方案，提高客户忠诚度和生命周期价值。

银行还意识到员工的幸福感和工作满意度与客户体验密切相关，因此，在培训中也加入员工成长规划和职业发展路径的向导，营造正向的工作氛围，激发员工的创新和积极性，最终形成以客户为中心的全员服务文化。通过这种全方位的客户导向培训，银行能够在竞争中稳固和提高其市场地位。

商业银行培训的发展反映了银行业重点的转变，从最初的操作技能传授变为如今的综合能力培养。现代银行员工不仅需要了解复杂的金融产品和操作技能，还需要具备风险管理、操作合法合规、高效服务客户及灵活应用新技术的能力。未来的培训将可能侧重于适应快速发展的金融科技，培养员工的创新意识和适应能力。随着人工智能和大数据的不断进步，个性化和智能化培训也将更符合银行和员工的需求。

二、商业银行的培训现状

商业银行的培训体系正在经历着多方位的深刻变革。

在培训的覆盖面和内容上，银行业所面临的多元化挑战，要求员工不断拓展其技能树。从传统金融服务的专业知识到新兴的金融科技工具，再到更为宏观的市场趋势解读，员工需要掌握的知识日益广泛。现代的商业银行培训内容不仅包括了操作性强的业务技能和风险控制知识，还融入了合规性、策略性及业务创新等更全面的培训，同时，注重领导力和团队协作能力的提升。这样的内容拓展促使培训方式也出现了变革，如利用线上学习平台、虚拟模拟等技术手段使学习和实践结合得更紧密。

　　此外，商业银行也越来越推崇员工的个性化发展和自驱式学习。通过企业内部的学习管理系统，员工可根据个人规划选择合适的课程进行深入学习，而非一刀切的统一培训课程。这种方式既满足了不同员工的发展需要，又提高了学习的相关性和动力。

　　但随着培训方法的创新和多样性的增加，在提高培训质量方面，商业银行就需要深入探讨和解决诸多问题。其中一个关键问题在于如何确保员工能够有效地将培训内容转化为实际工作能力的提升，尤其是在面对多样化和自主性培训选择时。此外，部分银行培训投入的不足，限制了优质、有效培训资源的获取，导致无法满足不断变化的业务需求。因此，商业银行需要在培训的投入与成本间找到平衡，既能满足日常经营的成本控制，又能保证员工能力的持续提升。

　　在培训内容和方案的更新上，商业银行需要保持与金融市场变化的同步节奏，及时刷新和完善培训课程，避免内容过时；同时，需要更多地关注培训的个性化与定制化，以适应不同员工的学习需要和职业发展阶段，从而最大化培训的效果和效率。

　　商业银行的培训现状显示了其在适应多变市场和新技术发展的努力方向，同时，也显露了存在的难题和挑战。想有效解决这些问题，银行需要在现有的基础上持续创新培训模式、加大培训投入、及时更新培训内容，从而优化员工的发展路径和提升其综合竞争能力。

第一章　532 模式：商业银行的管理新工具　　11

第二节　532 模式诞生的背景及其定义

在竞争激烈的商业银行领域中，激励员工的重要性日益凸显。商业银行的管理者们意识到，仅仅依靠传统的培训手段已经无法满足员工的需求，更无法帮助银行在激烈的市场竞争中立于不败之地。因此，他们开始寻找创新的管理工具，并在实践中不断探索和改进。

在这样的背景下，532 模式应运而生，以其独特的激励机制和有效的凝聚作用，成为商业银行中越来越受欢迎的管理工具。532 模式的名称源于其核心思想，即通过获客系统、运营系统和联动系统三个方面的机制（如图 1-3 所示），来提升商业银行的工作效率和业绩。

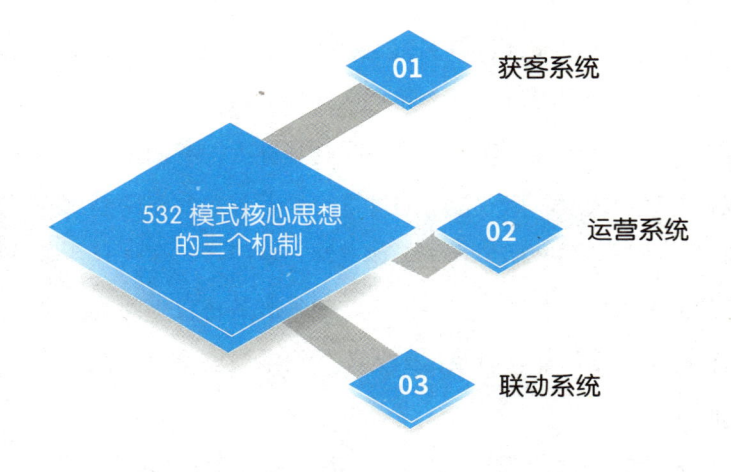

图 1-3　532 模式核心思想的三个机制

一、获客系统

532模式中的"5"指的是商业银行要想获得成功，要将50%的激励放在获客系统中。获客系统是商业银行等金融机构用以维持和增长客户基础的一套综合策略。该系统依赖多元化的市场渠道来构建与目标客户群之间的联系，致力于通过构建广泛的客户网络来实现市场份额和收入的增长。

其中，异业联盟作为一种跨界合作的商业模式，允许同一地域内不同行业的企业之间建立合作伙伴关系。在这种合作方式下，商业银行可以与零售商、科技公司或其他服务供应商等非竞争性实体共事，互相利用对方的市场渠道和客户群体。例如，银行可能与一家大型零售连锁店合作，在其店内设立服务点，或者与科技公司合作推出共有品牌的金融产品。这种战略合作可以扩展银行的服务触角，提高品牌知名度，并通过推广活动和共同的营销策略拓展彼此的客户群。

沙龙讲座作为一种线下活动渠道，为商业银行提供了一个宣传金融智慧、展现专业实力的平台。通过邀请金融专家、行业领袖，甚至已有客户来分享知识或经验，这些活动能吸引具有高参与度和高交互性的潜在客户群体。通过沙龙讲座，客户不仅能够获得实用的金融信息，更能实地感受银行的专业服务和客户关怀，增强银行与客户间的信任与联系。

熟客转介机制则建立在现有客户关系的基础上，利用客户的个人社交网络来获取新的客户线索。商业银行通过推出推荐计划，鼓励满意的客户向周围人推荐银行的服务和产品。为了让现有客户更愿意参与转介，银行可以提供各种奖励，例如现金奖励、账户升级、优先服务特权等回报。这种通过人际关系进行的市场推广非常有效，因为人们通常更愿意信任他们的亲友推荐的服务或产品。

此外，随着数字化营销的兴起，社交媒体平台、搜索引擎优化（SEO）和在线广告也成为获客系统的一部分。商业银行通过这些电子渠道，可以向更广泛且多元的受众传递品牌信息，吸引对金融产品和服务感兴趣的网络用户。例如，推出个性化的在线广告、与客户互动的社交媒体账号、优化的搜索引擎关键词等，都能增加银行在潜在客户心中的知名度和吸引力。

获客系统是一种多维度的市场战略，它结合传统的人际关系网络和现代的数字营销手段，使商业银行能够更好地理解市场需求、吸引潜在客户，并最终转化为忠实的银行用户。通过持续优化获客系统，银行能够适应市场变化，提升服务质量，并在竞争激烈的金融市场中占据有利位置。

二、运营系统

在 532 模式中，"3" 代表着商业银行需要将 30% 的资源与精力投入运营系统的优化与激励中。这意味着商业银行要重视运营系统的持续完善，以实现全面且高效的服务交付。运营系统作为银行的核心支撑结构，涉及客户服务、金融产品的处理及日常事务的管理等多个方面，主要可以分为以下三个环节（如图 1-4 所示）。

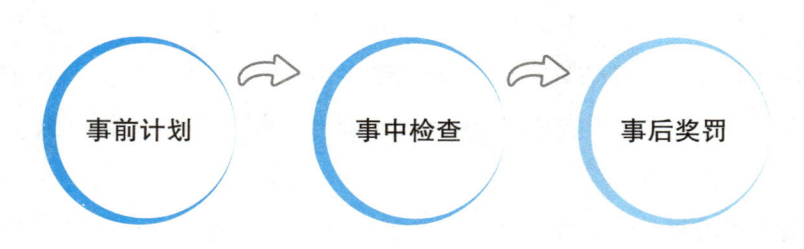

图 1-4 运营系统的三个主要环节

事前计划是运营系统中至关重要的一环，它要求员工在执行任何策略或项目之前，必须进行全面的市场调研、风险评估和资源配置。通过这种前期充分的准备工作，员工能够对潜在的挑战和机遇有更深刻的了解，为高效率和高质量的工作打下坚实基础。例如，信贷管理团队在放贷前要进行借款方的信用评估和贷款条件的谨慎判定，以预防信用风险。

事中检查则确保了银行操作过程中的稳定性和合规性。在这个阶段，通过实时监控和周期性审查，管理层可以对员工的工作表现进行跟踪，确保各项工作符合既定的标准与规范。此举不仅有助于提早识别问题并迅速解决，还可以通过持续的改进来提升客户服务的体验。例如，通过不断检验柜台服务和在线交易系统的运行，即时处理客户反馈的问题，确保业务的连贯性和安全性。

而事后奖罚是运营系统得以健康发展的调节器和激励器。商业银行通过明确的绩效指标和公平的评价体系，对员工的工作成果进行衡量。对于表现优异的员工，银行不仅给予金钱奖励，比如奖金和股票期权，还可以提供职业发展的机会，如内部晋升和专业培训。同时，对于工作表现不佳的情况，银行需要采取纠正措施来提高个人或团队的绩效，这可能包括业务指导、培训，或在严重情况下执行惩戒措施。

最后，重视运营系统的商业银行还会将技术投入与创新并行。现代化的信息技术和自动化工具不仅可以提高工作效率，减少手动错误，还能带来更加个性化和便捷的客户服务体验。通过数字化转型，银行可以实现数据驱动的决策过程，提供基于客户行为分析的定制化产品和服务，从而在激烈的竞争中保持领先优势。

商业银行将 30% 的激励资源投入运营系统中，通过精心规划、严格检查和合理奖惩等措施，无疑将大大提升银行的整体运营效率和服务品质，进而提高客户的忠诚度和市场的竞争力。

三、联动系统

532 模式中的"2"代表着商业银行为了成功，应该将 20% 的资源和激励投入联动系统的优化和升级中。联动系统关注的是如何打造高效率和高效能的团队，这对于快速适应市场变化、提升服务品质和实现业务目标至关重要。

团队凝聚力的培养是商业银行强化竞争力的关键环节。只有当员工能够紧密配合、相互信任并朝着共同的目标努力时，银行才能以一种协调一致的方式向外呈现强大的集体力量。为了建立这样的团队，银行可以进行各种创新的激励和团建活动。

分组竞赛的设计可以使得员工在充满活力的环境下开展工作，同时通过健康的竞争激发团队成员的潜能。这样的竞赛可以是业务成果比拼，也可以是解决问题的创意方案竞赛。通过这些活动，员工能够深化对彼此的了解，促进跨部门的沟通与合作，以及提高完成复杂任务的能力。

对赌激励机制则通过设立挑战性的目标并绑定奖励，使员工拥有强烈的成就动力。这种目标导向的激励措施不但能够驱使个人和团队超越自我，还能够在达成目标的同时，增强团队成员之间的协作与互相支持。

此外，快乐晨会是一种开启团队每一天的重要活动。在这段时间内，员工可以共享成功经验，探讨遇到的困难，为彼此提供支持或寻求解决方法。晨会也可以包括动员讲话、团队目标的重申，甚至是集体活动，这些都能给团队注入积极的能量，并培养团队的凝聚力。

为了进一步强化联动系统的作用，商业银行还可以将现代通信技术和协作工具融入团队运作中。比如使用企业社交网络平台，让员工在任何时间和地点都能进行有效沟通和信息共享。同时，可以利用云协作工具和项目管理软件，帮助团队成员更好地协调任务和项目进度。

通过上述措施，商业银行可以建立起一个具有高效协作力、强大凝聚力，并能够迅速响应市场变化的团队。最终，这会成为推动银行业绩稳健增长和市场竞争力提升的决定性因素。在市场日趋激烈的竞争中，一个能够稳定前行、不断创新和突破的团队，是任何商业银行取得持久成功的宝贵财富。

第三节 532 模式对商业银行的影响

商业银行在全球范围内的竞争日益加剧，面对这样的挑战，银行不断寻求创新的管理和激励方式以维持市场地位。532 模式，作为一种综合的激励方案，对商业银行有着深远的影响（如图 1-5 所示），多家银行在体验了 532 模式后，更是深切地体会到了其变革的力量。

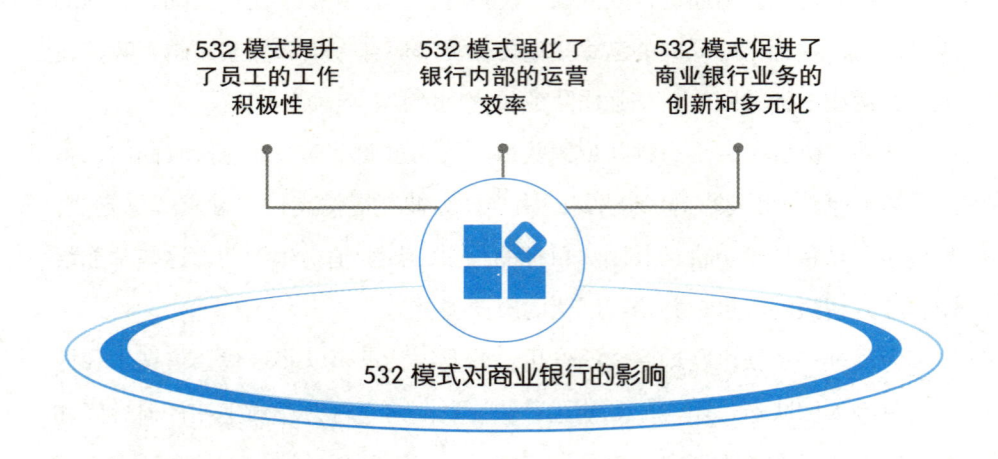

图 1-5 532 模式对商业银行的影响

第一，532 模式提升了员工的工作积极性。传统的薪酬激励往往是短期行为的催化剂，但对长期积极性提升并无显著帮助。532 模式通过引入分组竞赛、对赌激励等，一方面让员工看到个人与团队目标的直接联系，另一方面也激发了员工之间的健康竞争，这对于员工日常工作的动力产生了显著的提振作用。

某农商银行位于华北地区，前些年一直发展不错，最近几年，受区域大环境的影响，遇到了一些挑战：销售业绩停滞不前，员工流失率逐年上升。为了解决这些问题，该农商银行决定引入532模式。

当时，银行的高层管理团队和我进行了多次会议，深入探讨532模式应该如何与该农商银行的企业文化相融合，以及如何高效地执行。在一轮细致的规划和讨论之后，我们为银行设计了一系列具有挑战性的季度销售目标，组织销售竞赛，并与具体奖励方案挂钩，旨在激发员工的潜力。

我们将全行员工以部门为单位分成不同的小组，并且通过内部系统每天欢快地公布各组的实时业绩。受到销售竞赛的启发，来自各个小组的员工开始积极分享销售心得、制订策略并相互挑战。销售会议的气氛开始变得活跃起来，员工笑容多了，个个满怀信心。

为了确保竞赛的公正性，我们还设立了一个透明的指标跟踪系统，以便每位员工都能清晰地看到他们的个人进度及其对团队的贡献。而员工达成销售目标或者有其他卓越表现时，我们除了提供奖金激励之外，还在银行内部的电子公告板上进行点赞和表彰，使其优秀行为得到认可和尊重。

随着销售竞赛在全行范围内的展开，该农商银行呈现出了一副焕然一新的面貌。销售额在竞赛的首个季度就突破了前一年的平均水平，并在随后的季度里持续上升，共增长了25%。这一翻天覆地的变化，给整家银行都注入了新的活力。更加令人振奋的是，员工流失率下降了15%。

员工的面容中充满了自豪和满足感，他们开始相信自己对银行的贡献是被看见和重视的。事实上，不少员工在接受内部调研时，均提到了这次竞赛让他们感受到了团队合作的魅力，感觉自己不仅是该农商银行的一名员工，更是银行大家庭中的重要成员。

竞争激烈的市场最终见证了该农商银行的这一巨大转变，这家曾面临困境的区域银行不仅在业绩上展现出了显著的改善，在员工凝聚力和团队精神上也获得了质的飞跃，所有这一切都归功于532模式赋予该农商银行的新生机。

第二，532模式强化了银行内部的运营效率。运营系统中的事前计划、事中检查和事后奖罚等模块强调了目标导向和结果反馈。这不仅让员工有了清晰的工作方向，还实现了对工作结果的及时反馈，促进了员工在工作中更快地成长和修正。通过532模式，促使银行内部形成了持续自我改进的文化，大大提升了运营效率。

我有幸与某城市商业银行合作，协助他们实施532模式，以提升整个银行的工作效率和服务质量。我的任务是确保银行的员工能够理解并应用这一模式，以实现更佳的业绩和客户服务。

该银行的管理层深知运营系统的重要性，并决定将20%的激励资源放在联动系统上。他们意识到团队的凝聚力和协作力是核心竞争力的一部分，因此，非常重视团队建设。我的工作是设计和实施一个定制的培训计划，以强化这一理念。

为了实现这一目标，首先，我的培训计划关注了团队之间的竞争与合作。我通过与银行管理团队的紧密合作，组织了一系列分组竞赛活动。这些活动不仅限于业务成绩的竞赛，更包括团队合作解决问题和创新项目的比拼。这些活动证实了团队合作的力量，同时提供了一个互动的平台，挖掘了员工的潜力，并促进了跨部门协作。

其次，在对赌激励部分中，我组织了个性化的目标设定会议，帮助每个团队根据它们的具体情况设定现实且具有挑战性的目标。我们确保了在对目标达成的期望上有共识，同时为它们提供了与结果相联系的激励措施，既有团队激励也有个人激励。这种做法激励团队成员不仅要为自己的成功努力，也要为团队的成就共同努力。

最后，为了增强员工间的沟通和凝聚力，我帮助实施了"快乐晨会"系统。这些会议不仅是为了营造积极的团队氛围，更是为了确保每个人都在工作中感受到被重视和支持。在这些晨会中，团队成员分享了胜利和失败的故事，讨论了面临的挑战，并从同事那里获得了宝贵的反馈和经验分享。

通过这些策略，在我的辅导和银行管理层的支持下，银行不仅见证了员工工作积极性的增加，还发现了检查频率对工作产出的关键影响。银行实施了定期的绩效回顾，并与员工一起审视所设定目标与实际成果之间的差距。这种方法让每个人都有机会直观地看到自己对银行成功的直接贡献，同时也提供了改善工作的动力和方向。

该城市商业银行的成功案例提供了一个宝贵的学习机会——显示出当一个组织把员工放在心上，通过合理的激励和强化团队凝聚力时，就能够取得非凡的成果。作为外部培训师，我对此感到非常自豪，并期待着帮助更多企业通过532模式获得成功。

第三，532模式促进了商业银行业务的创新和多元化。在一个快速变化的市场中，商业银行要保持竞争力，就必须不断创新。532模式的获客系统促使银行探索异业联盟和沙龙讲座等新的获客渠道。通过这些新的渠道，银行不仅扩展了客户群体，也增加了与现有客户的互动和黏性，推动了新产品和服务的开发。

一家在某地市场颇有影响力的国际银行认识到了532模式在强化市场地

位和吸引高净值客户方面的潜在价值。在我的指导下，该行采取了一系列具有针对性的行动，以全面实施这一模式，并通过两个主要的行动，即沙龙活动和金融科技产品的创新，努力提高了其服务质量和市场竞争力。

首先，该行决定将532模式用于客户服务和市场推广中，以巩固其在高端财富管理服务领域的地位。我帮助银行策划开展了一系列有针对性的沙龙活动，旨在树立银行作为财富管理先驱者的形象，并扩展其高净值客户群体。这些活动邀请了财富管理、投资策略和税务规划等领域的专家，并针对特定客户需求提供了量身定制的研讨内容。

整个系列活动将潜在客户集中在一个非正式但知识丰富的社交场合中，极大地提升了银行与当前和潜在客户之间的互动，同时加深了客户对银行服务深度和广度的认识。在接受我提供的沙龙管理和沟通技巧培训后，银行员工能够有效地管理这些活动，并通过互动推广银行的服务，成功吸引了一批高净值客户。

其次，该行的领导层非常清楚，要想在日益竞争激烈的银行业中脱颖而出，需要不断创新并吸收新技术。我协助该行探索与科技企业的合作潜能，并推动了几项金融科技产品的合作开发。通过与科技企业结成的伙伴关系，银行推出了一系列创新的金融科技产品，例如高端的数字资产管理平台、全面集成的移动支付解决方案和基于人工智能的客户服务工具。

这些产品不仅提高了该银行的业务多样性，也大大增强了其在市场上的竞争力。在我协助提供的科技趋势培训和产品推广策略下，银行员工能够熟练掌握新技术，并有效地将这些创新融入每日的银行操作和客户互动中。这不但增加了银行的客户黏性，也提高了其运营效率。

通过532模式的成功实施，在我的辅导和银行团队的努力下，该国际银行不仅在本地市场中提升了品牌影响力和竞争优势，还丰富了服务内容，并建立了与高净值客户群的深度联系。这个合作项目清晰地展示了适当的战略和专业培训如何共同作用，以帮助银行在激烈的市场竞争中开辟新的增长领域。

532模式对商业银行的影响主要体现在员工积极性提升、运营效率增强以及业务创新和多元化上。这种模式不仅仅是一套激励体系，更是一种能够引领银行走向长期稳定发展的管理哲学。通过结合实际的案例分析，我们可以看出532模式在改善商业银行运营方面的有效性和潜在价值。

第四节　商业银行的激励之痛

在高度竞争的金融行业中，商业银行作为流通资金的枢纽与促进经济发展的核心力量，不但要拥有强大的资金管理能力和风险控制机制，还要持续保持员工的积极性和创新力。激励机制正是维持和提升这一动力的关键，对商业银行的重要性不言而喻。

传统的商业银行激励机制多存在周期长、形式单一、缺乏创新等问题。例如，员工长期为达到业绩目标奋斗，但激励的兑现却迟迟不能到位，造成的动力耗散直接影响到银行整体获客和业绩的提升。同时，过度依赖物质激励而轻视了员工的成长需求和个人价值的实现，也使得激励效果大打折扣。这些痛点（如图 1-6 所示）不仅减少了员工对工作的激情和忠诚，也阻碍了商业银行在激烈的市场竞争中的前进步伐。

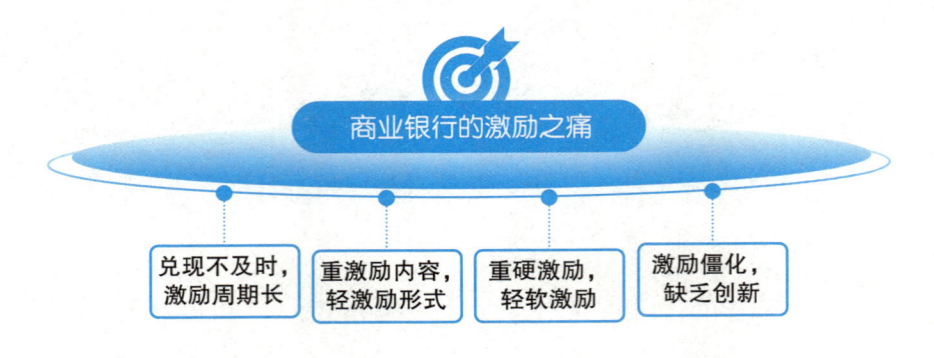

图 1-6　商业银行传统激励机制的痛点

一、兑现不及时，激励周期长

在一些商业银行内，尽管员工们孜孜不倦地追求卓越的工作效果，他们通常只能在漫长的年度考核周期结束时期待收获激励奖励。这意味着即便员工在年初就展现了出色的成绩或者贡献了创新的想法，他们也必须耐心等待至年底才能得到自己劳动成果的实质回报。这种兑现奖励的迟缓不仅在时间上拉开了工作成效与奖励反馈之间的距离，而且也在心理上影响了员工从其努力中快速获得满足感和认可感的需求。

员工们面对这种情况时，感受到的并不是激励机制的正面鼓励，反而可能产生挫败感。一位员工在年初投入大量精力，成功执行了一个优化流程的项目，不仅为银行创造了额外的收益，还显著提高了客户服务质量，他自然期望在不久之后就能得到合理的奖励。然而，当这份奖励被搁置到年终的绩效评价时，员工的士气和积极性无疑会受到影响。这种周期性激励方法，尽管在一定程度上能够保证长期目标的关注和一致性，但其忽略了一个关键因素——员工对于工作成效的即时回馈有着根本的需求。

这种延迟性的激励策略不仅导致员工在日常任务中缺乏积极性，还会勾起一种"努力与回报不成正比"的感觉。在快速变化的业务环境中，员工面对的不仅是长期目标，还有一系列短期的、突发的任务和挑战。如果激励反馈不能与这些即时任务同步，员工可能会选择放弃额外的付出，因为他们认为这些努力并不会被及时地认可和奖励。

考虑到激励策略的时效性对于员工日常工作动力的重要性，商业银行应考虑引入更灵活的激励机制。例如，实施季度奖金、即时反馈和即时奖励的体系，确保员工在完成关键任务或达成短期目标后能立即得到奖励和认可。这可以通过及时的口头表扬、小额现金奖励或其他形式的物质激励来实现。通过这种方式，员工的积极性和满意度能得到实时提升，而这正是提高员工长期绩效和留存率的关键所在。

因此，商业银行要提高员工的工作热忱和绩效，就必须更加注重激励机制的及时性。这不仅能让员工感到自己的努力得到了认可，更能推动他们在工作中做出更高效的行为，最终完成银行的整体业务目标。

二、重激励内容，轻激励形式

很多商业银行在激励内容上十分慷慨，提供了多样的奖励，比如提成、奖金，乃至晋升机会。但在激励手段上却显得单一和枯燥，忽视了激励的呈现形式对员工动力的潜在影响。倘若激励缺乏创造力与个性化，员工可能会对标准化的激励措施感到麻木。例如，某银行为销售成绩优异的员工设立了奖金，但每次颁奖仪式都是在冰冷的会议室里简单宣布，缺乏对个人成就的真正认可与庆祝。

在制订激励策略时，许多商业银行的确关注了奖励的丰厚程度，构建了一系列看似吸引人的奖励体系。这些激励内容包括了丰富多样的形式，从传统的提成奖金到企业级的福利改善，乃至提供职业发展的机会，如内部晋升或者是专业技能培训等。然而，这些银行往往没有认识到，除了激励的内容本身外，其实施方式和表达形式同样具有至关重要的意义。

在激励手段的创新和个性化方面，一些银行却显示出了明显的不足。由于缺乏足够的创意和对员工的深入了解，标准化及形式主义的激励方法可能难以触及员工的内心，难以使他们感受到银行对他们努力和贡献的真正认可。例如，尽管银行为销售成绩优异的员工设置了金钱奖励，但在执行时却可能因为形式的简单而效果大打折扣。

比如某家银行为优秀员工设立了奖金机制，暂且不论奖金的金额，奖励的呈现方式却是传统且乏味的，即在每月或每季度的常规会议中非常仓促地表彰员工。这种缺乏仪式感和个性化的颁奖方式，不足以使员工感到自己的成就被银行所重视，从而对这种奖励产生冷感，逐渐丧失前进的动力。

倘若银行能够在激励形式上进行创新，将表彰仪式设计得更具互动性和仪式感，例如通过举行特别的颁奖庆典、定制个性化的荣誉证书，或是在年度晚会中给予表现杰出的员工特别致敬，那么这些详细考虑后的方式将极大地增强奖励的感知价值，进而有效激发员工的积极性和忠诚度。

此外，银行也可以通过定期的非正式聚会来强化团队凝聚力，让员工感受到他们的工作不仅仅有金钱奖励，还能得到一个团体的认可与支持。在这些聚会中，管理层可以亲自表达对员工的感激，并对他们的个人成就提出赞赏，这种即时与个性化的认可往往比传统的金钱奖励更能够打动人心。

三、重硬激励，轻软激励

商业银行在激励机制中往往强调物质奖励，如现金奖励和股票期权，而忽略了职业发展、工作满意度或员工承认等软激励的重要性。实际上，非物质的认可和个人成长机会对激励员工持久的工作动力至关重要。比方说，在某银行中，员工普遍反映虽然薪酬待遇不错，但是他们更渴望工作的成就感和职业晋升路径。

商业银行的激励体系中，物质奖励无疑是重要的一环，包括现金奖励、股票期权、年终奖金、绩效奖金等。这些硬激励形式因其直接与员工收入挂钩而具有明显的吸引力。然而，除了物质奖励之外，软激励措施的作用同样不可忽视（如图 1-7 所示）。

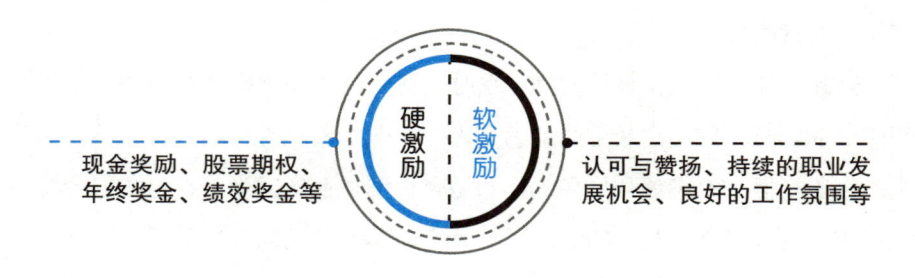

图 1-7　硬激励与软激励的对比

软激励包括对员工的认可与赞扬、提供持续的职业发展机会、营造良好的工作氛围，以及确保员工的工作与个人价值观相契合等方面。这些软激励措施对于调动员工深层次的工作动机、增强其工作满意度及忠诚度发挥了关键性作用。

很多银行员工都表示，尽管他们收到了可观的物质奖励，但更深的渴望却是对工作的成就感、对职业路径的明确展望和提升个人能力的机会。长远而言，这些软激励措施对于员工的内在动机激发更为关键。员工希望自己的努力得到认可，他们的成就能够被同事和管理层看到。此外，员工也渴望通过工作实现个人成长和职业目标，希望自己能够在组织内部获得晋升的机会，或是通过参与培训和学习项目来不断提升个人能力。

银行应当认识到，员工的期待并非纯粹集中于薪资和奖金，激励体系应该更为全面，包含能够触及员工情感、满足其自我实现需求的各方面因素。这种软激励可以通过建立明确的职业发展规划、提供职业辅导、定期的绩效反馈会议及设置教育与培训项目等来实现。这些运动为员工展现了一个在组织内成长和成功的明确路径，激励他们投入更多热情于日常工作中，同时也可增强员工对公司的归属感和忠诚度。

此外，软激励还包括强化团队合作精神和企业文化，这可以通过组织团建活动、促进跨部门沟通与交流，以及鼓励创新思维等方式进行。这样的措施不仅有助于铸造团队精神和共同体文化，还能激发员工的创造力，为企业带来更长远的效益。

因此，商业银行在设计激励体系时，应该平衡硬激励和软激励，强化物质奖励的同时不忘关注员工的情感需求、职业发展和工作满意度，从而构建出一个更全面、更长效和更多元化的激励机制。在实践当中，这种综合激励体系更能有效地激发员工的潜能，推动企业实现长期的战略目标。

四、激励僵化，缺乏创新

在当今快速发展的金融行业中，适应变化并不断创新是银行持续成功的重要因素。然而，一些银行的激励机制自从建立之后便几乎没有发生变化，已经僵化和过时了。这种固守传统的做法并未考虑到时代变迁带来的新挑战和员工期望的变化。在现代职场，员工的激励需求愈发复杂化，他们追求的不仅是经济上的满足，还有工作与个人生活的协调平衡、参与企业的社会责任活动，以及获得持续的职业发展和自我提升机会。

特别是随着更多年轻一代员工的加入，他们带来了新的价值观和工作期待。对于这部分员工来说，意义重于物质，他们偏好那些能提供灵活工作安排、支持远程工作的雇主，以便他们可以更好地规划自己的时间，并且保持工作与生活之间的平衡。同时，他们对于在工作中能够实现个人成长和学习新技能也非常看重。

如果银行不能适时更新其激励策略，仅仅依赖传统的经济激励手段，例如固定的奖金和提成制度，就很难针对这些新兴的职场趋势和员工需求提供有效的激励。因此，银行必须进行务实的自我评估，识别那些已经不再契合当前员工需求和市场需求的僵化激励措施，并对其进行改革和创新。

为了应对这些挑战，商业银行应考虑推出符合时代潮流的激励措施，例如提供更多的个性化奖励选项、职业路径选择以帮助员工进行职业规划，并为员工参与志愿者项目或社会责任活动提供时间和资源上的支持，进而实现工作场所的灵活性和多样性。除此之外，商业银行还可以通过构建及时反馈机制、创造积极透明的沟通环境、提供专业发展计划和领导力培训，进一步提升员工的参与感和归属感。

银行的激励创新不仅仅是调整其奖励策略，更是一种文化和思维方式的转变。它要求银行管理层保持开放性，聆听员工的声音，理解他们的需要，同时勇于尝试新方法。通过不断的自我革新，银行才能创造出一个能够吸引人才、激发员工潜力和保持竞争力的工作环境，进而提高整体绩效和市场地位。适时的激励兑现、创造性的激励形式、平衡硬激励与软激励、创新的激励方案，这些都是当代商业银行在激励方面需要积极考虑和实施的措施。

第五节　引入新激励机制的重要性

在新的商业环境下，员工不仅仅追求薪资福利，更重视自我成就感和工作的社会意义，激励机制需要注重人性化管理，强化员工的主观能动性，调动其工作积极性，以促进商业银行整体业绩的提升。这就要求商业银行打破传统激励的框架，采纳更为灵活、多元、有创意的激励方式，既能满足员工对物质的需求，又能促进其精神层面的满足。

在商业银行中引入创新的激励机制，将是推动银行业务持续增长、加强内部团队凝聚力，以及适应市场变化的必然趋势。532模式所提供的新型激励机制，正是针对这些痛点的有力回应。它的出发点在于将激励制度与员工的个人成长、企业目标与市场状况紧密结合，形成一个有效的，能够自我循环、自我加强的动力源泉。通过提供及时的反馈，实现事前计划、事中检查及事后奖罚，能够显著缩短激励周期，让员工即时感受到自己工作的价值和成就。

此外，532模式还通过异业联盟、沙龙讲座与熟客转介等获客系统，鼓励员工走出去，拓宽视野，不要局限于银行内部的资源，而是整合外部资源，提升获客效率，利用社会化的力量促进个人业绩的提高。与此同时，分组竞赛、对赌激励、快乐晨会等措施能够培养团队精神和协作意识，增强个人与集体之间的联动性，提升工作的乐趣和参与度。

532模式不仅为商业银行提供了新的管理工具，更为银行员工提供了一个全新的工作与成长环境，其中融入的人性化激励手段，反映了现代银行所倡导的员工关怀和可持续发展的理念。通过激发员工的潜力和创造力，商业银行能够形成更加活力四射的工作氛围，从而在激烈的市场竞争中保持领先地位。

第二章

532 模式的激励机制

第一节 激励机制的整体作用

在任何组织中，员工激励都充当着不可或缺的核心角色，尤其在商业银行这种服务和绩效至关重要的行业中。商业银行的成功在很大程度上取决于其员工的积极性、创造力和专业性。正是在这一环境下，532模式应运而生，为商业银行提供了一个全局优化人力资源和加强员工激励的框架。本节旨在探讨激励机制在532模式中的整体作用及其重要性，这不仅关系到银行的内部管理、员工发展，更直接影响到银行的外部服务质量、客户满意度及整体市场表现。

532模式是根据银行内部资源分配和管理重点而制订的策略。如前所述，在此模式中，"5"代指银行50%的资源和努力，需要投入获客系统内；"3"代表30%的资源，用于维护和优化运营系统；而"2"则是指把剩余20%的资源用于联动系统，也就是整个银行各个部门间的协同工作（如图2-1所示）。在这三个系统的每一环节中，激励机制都起着极为重要的作用，无论是在吸引新客户，还是在提高日常运营效率，或者在加强团队合作方面。

首先，在获客系统中，激励机制可以通过奖励创新的营销策略、表彰高效的客户管理能力，以及认可优质的客户服务来激发员工的工作热情。通过设置个人或团队的销售目标，并将它们和奖励措施紧密关联，银行可以激励员工在市场竞争中更加主动。比如，销售员工成功推广一种新的金融产品，获得新的大客户，或在客户服务满意度上取得高分都将获得明确的奖励。

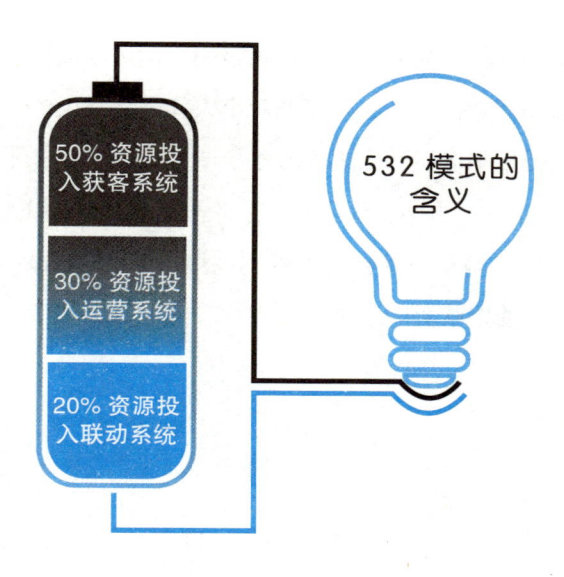

图 2-1　532 模式的具体含义

其次，针对运营系统，激励机制的角色变得更加细化和持续性。在运营层面，除了日常的工作效率和质量外，还要关注员工对于风险控制和合规要求的认真态度。这部分的激励着重于提升团队和个人的职业能力，鼓励员工对流程进行持续改进。例如，为达到更高的效率和更好的效果，团队成员提出了改善措施，实施后带来了显著的成本节约或服务提升，这些成功案例也将得到相应的奖励。

最后，在联动系统中，这里的激励机制则主要聚焦在增强团队间的协作和共同责任上。通过组织团队之间的内部竞赛或共同任务，员工不仅可以在完成目标中获得满足感，而且可以深入参与银行的文化建设和长远规划中。团队所取得的成功会被认为是所有成员共同努力的结果，每一个个体的贡献都会在团队中被赋予意义。

激励机制的作用并不是孤立的，而是贯穿于 532 模式的每一个环节中。

不同环节之间协同合作，能够创造一种积极的、促进发展的工作氛围。通过物质和非物质激励相结合的方法，以及对个人和团队成就的认可，商业银行的激励机制将变得更加多元和高效。激励机制的成功实施，不仅能提高员工的满意度和工作动力，更能够增强银行在日益竞争激烈的市场中的竞争力。最终，优良的激励机制能帮助银行培养出高效、专业、忠诚和创新的团队，为银行的持续发展奠定坚实的基础。

第二节　获客系统中的激励策略

在商业银行的 532 模式中，获客系统占据了战略的半壁江山，即银行资源和精力的 50%。该系统不仅直接关系到银行业务的拓展和市场份额的增长，也是银行可持续发展的关键所在。在这一模式中，激励员工成为实现银行目标的基石，而银行必须针对获客系统中的各个环节制订相应的激励策略，即异业联盟、沙龙讲座和熟客转介（如图 2-2 所示）。

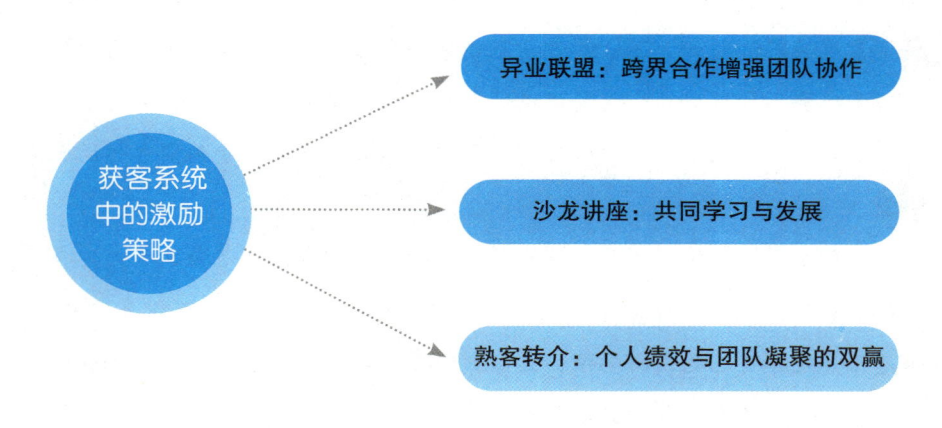

图 2-2　获客系统中的三项激励策略

一、异业联盟：跨界合作增强团队协作

异业联盟在当今商业环境中被广泛认为是一种富有创造力的营销策略，它为银行开拓新的客户群提供了独特的途径。这种策略融合了多个行业的优

势，使银行能够通过与具有互补资源的非金融合作伙伴结盟，共同开发新的市场和服务领域，从而实现互惠共赢。为了最大化联盟的潜力，银行需要在员工激励方案中增加对团队合作精神及跨职能协调能力的重视。

在实施异业联盟策略时，银行有必要对参与合作项目的团队设定清晰的业绩目标，并提供相应的激励措施。这些激励可以是直接的经济奖励，如额外奖金，也可以是其他形式的认可，例如专业培训或增值服务。通过定量的指标，如新增的客户数量、提升的品牌认知度，以及由此带来的直接经济效益，银行可以更好地激励员工探索新的合作模式，并提高他们对这类项目投入的精力和热情。

一家商业银行成功与一家在线旅游平台签订合作协议，共同推出了一款特定主题的信用卡产品。为了增加员工对参与此合作项目的热情，银行除了提供常规的薪酬之外，还额外设立了销售佣金激励，根据团队推广活动的成效给予经济上的奖励。在特定业绩达成后，员工还有机会获得由公司赞助的旅游奖励，让员工在工作中取得实际成就的同时，也能享受到实质性的休闲体验。

这种激励措施的创新不仅提升了员工的工作积极性，还激发了他们在服务推广和客户关系管理方面的创意。员工不再局限于传统的业务推广方式，而是开始发挥自己的创新思维，设计更符合旅游用户需求的信用卡福利和服务套餐，使产品在竞争中脱颖而出。

此外，银行还可以通过提供个性化的职业发展路径、绩效反馈机制及职场承认等软性激励，让员工感受到自己职业成长的可能性及在银行中的价值，从而进一步提升员工的满意度和忠诚度，强化跨部门合作，促进银行整体的繁荣发展。

二、沙龙讲座：共同学习与发展

沙龙讲座在现代企业培训中占据了重要的地位，尤其是在金融行业，这种形式的活动不仅能帮助员工拓宽视野，还为他们提供了与行业专家面对面交流的机会。对于银行而言，定期举办或鼓励员工参与沙龙讲座意味着投资于员工的职业生涯并提升银行的服务质量。在这些活动中，员工可以了解到最新的市场动态、理财技巧和创新金融工具，从而能够更好地应对行业挑战并满足客户需求。

为了进一步推动员工积极参与沙龙讲座，银行可以通过设立激励机制来表彰那些在此类活动中表现突出的员工。这不仅限于言语上的赞扬，还包括为他们提供增进专业知识的资源，比如最新的行业专著、访问高级研讨会的权限，甚至接受一对一的行业领军人物的辅导等。这些激励措施能够极大地增强员工对个人发展和学习新知识的兴趣。

一位客户经理在参与了一次有关财富管理新产品的沙龙讲座后，运用新获得的知识与技巧，成功地为客户打造了一套多元化投资组合，该投资组合的表现十分出色，超过了市场平均水平。银行对该客户经理的良好表现给予积极响应，提供了专门为高价值客户提供个性化投资建议的机会，不仅如此，她还受邀成为下一次沙龙的演讲者之一，来分享她的成功案例。这不只是一次单纯的表彰，更是对其专业能力和市场分析能力的认可，同时为其开启了职业发展的新途径。

此外，银行还可以考虑建立一个内部平台，让参加了沙龙讲座的员工们能够分享所学到的知识和经验，促进知识的内部传播和团队间的学习氛围。这样的平台可以是定期的内部分享会，也可以是数字化的知识库，员工可以在上面发布讲座笔记、心得体会及如何将所学应用于实际工作的案例研究。

通过这些措施，银行不仅能提升员工的职业技能，延伸服务的深度和广度，还能建立起一个学习型组织的文化，使其在激烈的市场竞争中拥有更强的适应力和创新力。

三、熟客转介：个人绩效与团队凝聚的双赢

熟客转介作为银行增长客户基数的重要途径，不仅能够有效地利用现有客户资源，还能提高银行服务的口碑。银行实施熟客转介策略时，通常会设置一定的激励措施来鼓励员工积极参与转介活动。这种做法同时强调个人责任和团队合作的重要性，因为成功的转介通常依赖于个人的努力和团队的支持。

为了更好地激励员工，银行可以建立一个透明的反馈机制，使员工能够清楚地看到他们推荐的新客户如何为银行带来增值，以及这种增值如何转化为自身和团队的直接利益。例如，推荐成功的即时奖励可以是现金奖励、额外假期或者其他形式的物质激励。而当整个团队合作达成一定的转介目标时，额外的集体激励可以包括团队旅行、团体晚宴或其他团队建设活动资金，以及优质客户资源的优先分配等。

一位经验丰富的贷款顾问成功为银行转介了一批潜在的重要客户，这些客户最终为银行贡献了显著的业绩。作为对他个人贡献的认可，银行提供了相应的奖励。同时，为了激发团队的协作精神，银行还决定将一部分奖励专门用于支持团队的进一步业务发展上，如资助团队参加专业培训或参加高层次的交流会议，这些活动不仅能提升团队成员的专业知识和技能，也有助于加强内部协作，实现资源共享。

此外，银行还可以设计一个团队内部的积分系统，员工通过参与转介活

动获得积分，这些积分可以积累用于兑换奖励。这样的系统可以更好地量化每个人的贡献程度，并为员工持续参与提供动力。

银行采用熟客转介策略时提供的个人奖励和团队奖励旨在实现员工行为的即时正面反馈，增强员工参与转介的积极性，从而推动银行的整体发展。通过识别并表彰团队和个人的成就，银行能够培养一种积极主动、相互支持的企业文化，这对于银行未来的成功至关重要。

第三节　运营系统的激励措施

在商业银行的 532 模式中，运营系统是确保银行日常运作顺畅和高效的核心。这个系统占据了总体资源投入的 30%，至关重要的是它如何通过具体的激励措施来促进员工的绩效并增加其参与感。以下是如何在事前计划、事中检查和事后奖罚阶段应用激励机制以达成这一目的（如图 2-3 所示）。

运营系统激励措施的环节

1. 事前计划：设立明确目标与激励对齐
2. 事中检查：促进持续进步与实时反馈
3. 事后奖罚：培养公正透明的绩效文化

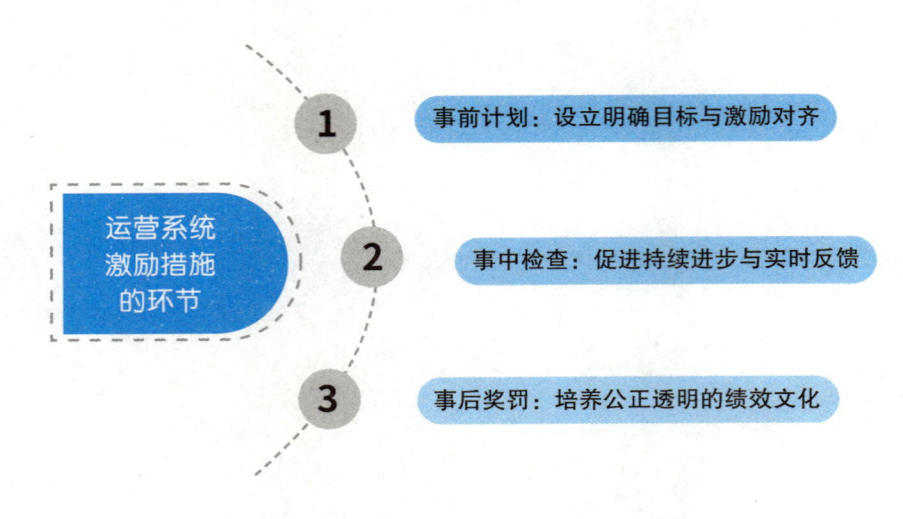

图 2-3　运营系统激励措施的三个环节

一、事前计划：设立明确目标与激励对齐

在商业银行的运营管理体系中，事前计划是确保顺利实现业务目标的关

键一环。通过在规划阶段就明确设定具体的业务目标，并将之与相应的激励措施紧密联系，银行能够有效激励员工达成这些目标。这种初期的目标设定是激励体系的基石，旨在为员工提供一个明确的工作方向和努力的重点。

为了使激励更具吸引力与有效性，银行应该确保目标是具体的、可衡量的，并且与员工的工作职责直接相关。例如，当团队负责新金融产品的推广时，他们的目标可能包括特定的客户访问次数、完成某一金额的产品销售额或获得一定数量的客户好评。对于达成这些目标的员工或团队，银行可以设计一系列激励计划，提供的激励可以是与业绩挂钩的奖金、额外的年假天数或是赞助他们参加专业发展课程和研讨会的机会。

针对新产品上市这个特定任务，银行可以设定如下激励举措：在产品研发阶段，提供创新奖励给那些能够提出改进方案的员工；在市场研究阶段，对搜集并分析竞争对手情报的团队成员给予特别表彰；对于积极收集并整理客户反馈、帮助产品迭代完善的员工，则可以辅以职业发展奖励，如参加高层次研修班以提升他们的专业技能等。

此外，银行还应该强调目标的适时性，确保员工能在较短的时间内看到自己努力的成果，并从中得到激励。这可以通过设置阶段性目标和对应的小奖励来实现，如每完成一个短期目标，就给予小额现金奖励或者工作灵活性上的额外福利。这样的做法不仅能够保持员工的日常工作动力，还能增强他们对于长期战略目标的投入感和责任感。

在整个事前计划的激励措施中，银行需要不断审视和更新这些激励，确保它们与市场环境和员工期望保持一致，同时为团队取得卓越成绩而设计的激励应具备足够的吸引力，以便有效地驱动团队协作、创新思维和优质服务的实现。通过这样细致入微的激励方案设计，银行可以更好地实现业务增长和提升市场竞争力。

二、事中检查：促进持续进步与实时反馈

确保工作质量和效率的事中检查阶段是商业银行运营管理的关键组成部分。在这一阶段，为了保障和优化工作进程，需要对员工的表现进行实时的监督和评价。激励机制在这里起着至关重要的作用，它能够鼓励员工主动地寻找提高工作效率和效果的方式，并为此付出额外的努力。

在事中检查过程中，银行应设计并实施一个全面的实时反馈系统。这个系统可以基于各个工作环节的关键绩效指标（KPI）来跟踪员工的表现，并提供即时的正面反馈。这种反馈可以是口头表扬，也可以是物质奖励，例如员工若在提升客户满意度、简化办理程序或减少操作错误上有所成就时，就可以得到休假时间优先选择、工作场所的个性化选择、小额现金等奖励。

另外，为了鼓励员工在事中持续改进，银行也可以建立一个奖励点数系统，让员工能够通过日常表现累积积分，这些积分可以在员工商店中兑换奖励或用于参加专业培训课程。员工在完成某项任务时如果有突出表现，如能够提高柜台服务速度、减少客户投诉或提出有益于提高工作效率的建议等，都可以获得相应的积分。

银行还可以通过举行定期或不定期的表彰会，来表扬那些在工作中展现出卓越能力的员工。举办这样的活动不仅能提升员工的士气，还能使全体员工都感受到卓越表现将受到鼓励和赞赏。

这样的事中激励措施能够有效地提高员工在日常工作中的满意度和投入感，使他们更加自觉地追求更高标准的服务和更出色的业绩。同时，这也有助于形成一种积极向上的工作氛围，每位员工都能在其中找到推动自己进步的动力。通过实时反馈和激励，银行能够持续促进员工的个人发展，实现整体的业务提升和客户服务质量的持续进步。

三、事后奖罚：培养公正透明的绩效文化

事后奖罚是激励体系中至关重要的一部分，通过对员工过去一段时间内的工作成果进行评估，银行能够培养一种公正和透明的绩效文化。奖励和惩罚不仅是对员工个人工作的认可或者提醒，而且是塑造企业文化和促进组织发展的手段。

在实施事后奖励时，银行应当确保奖励与员工的贡献相匹配，并且所有员工都能清楚地了解奖励标准。例如，若一团队成功完成或超额完成了年度贷款目标，团队内每个成员都应该获得相应的奖励。奖励不仅可以是经济上的优厚奖金，还可以是更多的有价值的非货币形式奖励，诸如额外的年假、公司股票、在公司杂志上的特别表彰，或者参加高级管理培训课程的机会等。对于团队领导，晋升机会是对其领导能力和团队管理成绩的一种肯定。

同样，事后的惩罚或纠正措施也应以建设性和发展性的方式进行。当某位员工或团队未能完成既定目标时，银行应先通过绩效反馈的形式探讨原因，并提供针对性的改善方案。银行可以为这些员工安排额外的专业培训、能力提升工作坊或一对一的业务指导，以帮助他们分析问题所在并提高业务技能。此类措施不仅有利于员工个人能力的提升，同时也传递出银行支持员工成长、愿意投资于员工发展的积极信号。

银行还可以通过设置一个透明的绩效反馈平台，让员工能够及时看到自己的绩效表现，并从中学习如何改进。银行应该鼓励开放的沟通环境，让员工感受到管理层的支持并有机会通过自我改进来推动职业发展。

通过实施公正透明的事后奖罚制度，银行不仅能够激励员工追求卓越，还能够营造一个以结果为导向的、每位员工都有机会不断进步和享受成功成果的工作环境。这最终有助于激发员工的工作热情，提高整个银行的工作效率和团队合作精神。

第四节　联动系统的团队激励

联动系统在商业银行的 532 模式中起到整合和促进不同部门协同的作用，占据整体战略资源投入的 20%。通过激发团队之间的协作精神，该系统对内可以强化银行的整体运作效率，对外可以提升服务质量和客户满意度。这一节详细探讨了团队竞赛、对赌激励和快乐晨会等活动是如何在联动系统中促进团队激励的（如图 2-4 所示）。

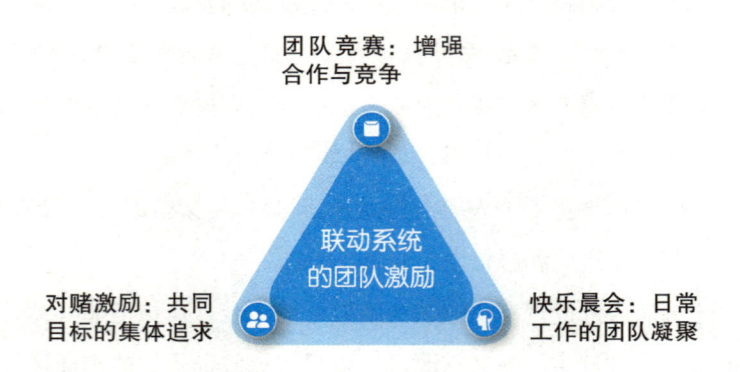

图 2-4　联动系统团队激励的三种方式

一、团队竞赛：增强合作与竞争

团队竞赛在商业银行的人力资源管理中扮演了相当重要的角色，它能够激发员工之间的合作精神及健康的竞争氛围。这种活动设计可以非常灵活，根据不同的业务目标和团队特点来定制，比如增加存款总额、提高贷款申请的批复率、减少交易错误率或提升客户服务的响应时间等。

在进行团队竞赛时，银行可以通过设定明确的竞赛规则和期望目标，鼓励员工在团队内部进行积极的思想碰撞并策划有效方案，以帮助银行更好地完成其商业目标。竞赛过程中，员工可以分享各自的工作技巧、市场情报和客户服务经验，通过这样的互动和交流，提升团队整体的工作效能和协同作战的能力。

以年度存款增长竞赛为例，此类活动不仅能够促进个体和团队的表现，还能够促进银行各部门间的合作，提升全行的业务绩效。团队可以通过挖掘潜在存款市场、优化存款产品或提供更具吸引力的客户体验来达到竞赛目标。赢得竞赛的团队不仅可以获得现金奖励、额外的休假日、晋升机会，还有可能得到参与高级培训项目的机会，增强其在银行内的地位和专业知识水平。

团队竞赛的成功也能够为银行提供可复制的成功模式，其他团队可以从中学习并采纳胜者的策略和做法。在整个过程中，银行还可以通过企业内部的沟通渠道，如内部网络、周报或月度会议等，来持续报道竞赛的进展，公布排名情况，从而保持员工对竞赛的关注和参与度。

团队竞赛不仅能够鼓励员工之间的正向竞争和有益合作，同时也能构建一种全员参与、共同实现银行战略目标的工作环境。这种竞赛机制让每位员工都能感受到自己的工作对于银行的价值，并通过竞赛的方式持续提升个人和团队的工作激情和业绩。

二、对赌激励：共同目标的集体追求

对赌激励是一种以目标为导向的激励方法，它要求团队成员对达成某一共同的业务目标做出一致的承诺，并以此作为奖励的依据。这种方法有效地绑定了团队成员的利益，确保每个人都致力于共同的业务目标，从而增强了团队内的凝聚力和责任感。在对赌激励的设计上，银行可以设置明确的目标门槛，并按实际成果进行动态奖励，使得团队的协作和努力转化为实实在在的成就。

例如，如果一个银行面临着跨部门业务处理效率低下的问题，可以设置一个降低业务退件率的对赌激励计划。明确的目标可以是在一定时间内将退件率降低到某一百分比以下。为了实现这一目标，各个团队需要加强内部的沟通协调，优化工作流程，或者提高业务办理的准确性。一旦目标达成，所有参与的团队成员便可以获得相应的奖励，这可以包括现金奖、额外的休假日、晋升机会或者团队旅游等。

通过这种方式，员工会被激励去发挥主观能动性，改进和创新工作方法，以提高团队的整体绩效。同时，集体奖励使得个人的成功与团队的成就紧密联系起来，促进了团队内部的相互支持和共同发展。

在实施对赌激励的过程中，银行还应确保奖励机制的透明度和公正性，所有的规则和奖励标准都需要被明确地传达给所有团队成员。为保证员工能全面理解目标，银行可定期组织培训和交流会，为员工解释目标的重要性，以及如何联合行动以达成目标。此外，银行也可以设立期中检查点来评估进展情况，及时调整策略，确保奖励激励的目标按时完成。

对赌激励策略能够很好地结合团队精神与个人奉献，不仅激励团队追求更高的工作业绩，还能加深团队成员之间的信任与合作，最终推动银行整体业务的提升和发展。

三、快乐晨会：日常工作的团队凝聚

快乐晨会作为一种富有创意和活力的团队建设活动，在商业银行中起着极其重要的作用。它不仅可以强化团队间的沟通与协作，还能够构建积极向上的工作环境，让员工感到工作的乐趣和团队的温暖。银行通过定期组织快

乐晨会，能够确保团队成员有机会在愉悦的氛围中展示他们的成就，分享工作中的快乐时光，从而形成更加紧密的团队关系。

快乐晨会通常在一天工作开始之前举行，它可以是一种非正式的团队交流时刻，不仅包括与工作相关的内容，也可以开展一些轻松有趣的团队互动游戏，以此增进团队成员之间的了解和信任。例如，可以轮流讲述大家的趣事或成功经历，分享工作技巧，或者进行团队策略讨论。此外，晨会还可以用来讨论和规划日常工作的重点，提醒团队成员当天的关键活动和任务。

以IT团队的晨会为例，他们分享的自动化工具开发经验不仅能提高工作效率，还能降低人为错误，并激发其他团队对创新的兴趣。通过晨会的分享，所有员工都得以了解该工具的价值和效益，进而在整个银行范围内推广其应用。这样的创新分享晨会不仅加深了员工们对银行业务流程改进的认识，还帮助IT团队获得了工作上的支持和赞誉。

为持续激励员工参与晨会，并确保活动的有效性，银行可以为突出贡献的团队或个体设置某些奖励，如额外的休息时间、个性化办公用品或优先参与某些培训课程的机会。这些奖励有利于激发个人和团队的积极性，同时也展示了银行对于促进团队凝聚力和员工个人发展的重视。

通过组织快乐晨会，银行不仅可以提升员工的士气和工作热情，还能够通过此类活动促进知识的传播和团队的进步，同时让员工在快乐和支持的氛围中开始新的一天。这种日常工作中的团队凝聚活动将有助于构建一个更高效、更和谐、更有创新精神的职场环境。

第五节　532 模式在中国农业银行的应用

中国农业银行在金融市场的白热化竞争中，一度陷入了增长困境。在这样的背景下，商业银行推行 532 模式显得尤为紧迫。然而，中国农业银行内部的两位关键人物，小朱和小齐，因对于资源配置和管理模式的差异化理解，产生了尖锐的冲突。

小朱是一位追求创新的市场部经理，一直在呼吁银行需要转变思路，将更多的资源倾斜至市场营销和新产品的开发上。他认为，若想吸引新客户，银行就必须提供更具吸引力的金融产品，并优化网络服务质量。相反，小齐则是 IT 部门的负责人，一个坚信技术力量的资深员工，他主张银行应该把重心放在提升现有运营系统的效率上。

在实施 532 模式的过程中，小朱积极主导了一系列针对市场营销的方案，比如与金融科技公司合作开发了一种前沿的理财产品，旨在抓住高技术金融产品市场的需求。此外，他还通过加大社交媒体的广告投放力度，成功吸引了大批年轻的网银用户。与此同时，小齐并不完全买单。他觉得小朱对市场扩张过度关注，而忽略了银行内部系统的实质提升。因此，小齐积极推动优化业务流程，更新 IT 设备，并开展员工培训计划，以确保客户服务的质量。

资源分配上的巨大差异引发了两人之间的激烈讨论。小朱批评小齐过于内敛和守旧，而小齐则指责小朱冒进和缺乏对现实运营压力的理解。尽管如此，随着 532 模式的逐步推进，两个部门开始体会到联动系统带来的好处。在领导层的推动下，他们开始尝试合作，共同建立跨部门的联合团队，促进信息和资源的共享。

随着中国农业银行获客系统的改善，市场营销的效果开始显现。小朱的策略为银行带来了大量的年轻客户，并且新理财产品的推出也被市场接纳。同时，小齐所推动的运营系统优化也取得显著成效，业务处理时间显著缩短，客户服务得到了大幅度的提升，员工也因为流程变得简洁高效而士气大增。从整体看来，由于有效地加强了获客系统，优化了运营系统，以及搭建起了联动系统，该商业银行不仅成功地实现了资源配置的优化，也促进了内部的合作，增强了市场竞争力。小朱和小齐的冲突亦在彼此认识到对方工作的价值后得到了化解，两人甚至成了彼此的支持者。

这个案例反映出中国农业银行在推行532模式的过程中面临的典型挑战，尤其是内部决策冲突及各部门之间对不同战略目标的平衡。分析这个案例，我们可以得出以下几点重要的结论（如图2-5所示）：

01　改变与创新的阵痛是必然的

02　跨部门沟通和合作是关键

03　内部冲突的妥善解决至关重要

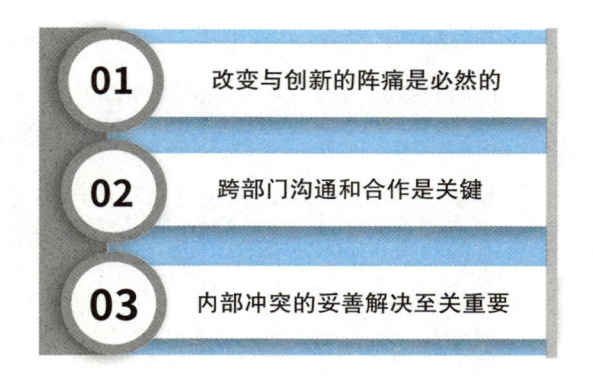

图2-5　532模式应用案例的三个重要结论

首先，改变与创新的阵痛是必然的。小朱和小齐代表了商业银行内部的两种战略思路，即市场驱动与效率优先。而这两种思路的碰撞恰恰表现出了改革过程中的自然现象——不同的部门对资源分配和管理重点存有不同观点。小朱的市场扩张策略是关注于长远目标，即通过吸引新客户来获得市场份额；而小齐的运营优化策略是关注于短期目标，即提升现有工作的效率与质量。

其次，跨部门沟通和合作是关键。案例中显示出当532模式推动各部门联动后，在不同意见和方向的背后找到了协同发展的可能性。在领导层的引导下，小朱和小齐不再局限于自己部门的视角，而是开始尝试真正意义上的跨部门协作，从而拓宽了思路，并发掘出更多的协同效应。

最后，内部冲突的妥善解决对于战略实施至关重要。当两位主要决策者彼此认识到对方工作的价值，并转化为相互支持时，原先的矛盾冲突转变为协作与合力。小齐和小朱皆能从对方的战略中看到自己所忽视的部分，实现了从对抗到融合的转变。

从长远来看，银行的发展需要兼顾市场与内部运营的平衡。532模式的重点在于如何分配资源以维持市场竞争力的同时去强化内部运营质量。中国农业银行逐步实现了资源配置的优化、内部协作的增强及市场竞争力的提升，最终证明了532模式在商业银行会有显著的正面影响。

通过这个案例，我们得出一个结论：在实施532模式时，要重视内部的沟通与协调，处理好改革中的矛盾冲突，以及寻求不同部门之间的战略平衡点。这样不仅可以有效提升银行的综合效能，也为员工树立了问题解决和决策一致性的典范。

第三章

行为习惯的自我激励机制

第一节 培训激励

培训是较为传统的一种激励方式，商业银行可以通过精心设计和实施有效的培训计划，来激发员工的工作动力，提高他们的工作能力，同时也能增强他们对工作的热情和投入度（如图 3-1 所示）。这不仅有利于银行的发展和成功，也有利于员工的个人成长和职业发展。

图 3-1 培训激励的五个重点

第一，培训内容与工作相关。例如，银行有一项关于风险管理的培训，可以将课程内容设计为具体的案例分析，其中涉及的风险管理理念和方法可以直接应用到实际工作中。这样，员工不仅能更好地理解理论知识，还能看到所学知识如何应用到实际工作中，从而增强自己的动力。

第二，互动式培训方法。例如，我们可以设计一个模拟银行欺诈案例的游戏，让员工在游戏中扮演不同的角色，学习如何识别和防止欺诈。这种互动式培训方法不仅可以提高员工的参与度，还能帮助他们更好地理解和掌握知识。

第三，建立认可机制。例如，银行可以设立一个"学习之星"的称号，每年对学习进步最大或成绩最优秀的员工进行表彰。这样的机制可以让员工看到自己的努力得到了认可，从而激发他们更深入地投入学习中。

第四，鼓励团队合作。我们可以组织一些团队项目来促进团队合作和知识分享。例如，可以安排一个团队建设活动，让员工通过实际操作学习如何更好地协作和沟通。这样不仅能提高员工的团队协作能力，还能通过互相学习和借鉴，实现知识共享。

第五，定期评估和改进。通过定期收集员工的反馈意见的方式，了解他们对培训的看法和建议，以便不断改进培训内容和方式。例如，可以通过问卷调查、面对面访谈等方式收集信息，并根据反馈结果进行调整和优化。

在实际操作中，我们还需要考虑更多因素，如培训内容的设计、培训方式的灵活性、培训时间的安排等。例如，假设我们正在进行一项关于客户服务技巧的培训，我们可能会设计一个模拟客户咨询的环节，让员工在模拟环境中练习和应用所学技巧。同时，我们还会设立一个奖励机制，对表现优秀的员工给予实质性的奖励（比如额外的休假时间或者一次性的奖金），以此来激励他们更加积极地参与培训和学习。此外，我们还会定期收集员工的反馈意见，了解他们对培训的看法和建议，以便不断改进培训内容和方式。

这样的做法不仅可以提高员工在客户服务方面的技巧和能力，还能增强他们对工作的热情和投入度。更重要的是，这种做法体现了银行对员工的关心和重视，能够增强员工的归属感和忠诚度，从而进一步激发他们的工作动力。

第二节　企业文化激励

在商业银行的管理实践中，企业文化不仅仅是一种核心价值观的声明，更是一种强有力的激励工具，能够深刻影响员工的行为、激发他们的工作动力，并最终实现银行的战略目标。因此，管理者可以合理利用企业文化对员工实现激励（如图 3-2 所示）。

图 3-2　企业文化激励的六个方式

一、明确并传达共同的企业愿景

商业银行的企业文化应该有清晰明确的愿景，它会塑造员工的工作目标感。通过向员工不断传达这个愿景，银行可以确保每个员工都了解自己的工作是如何为实现这一愿景做出贡献的。例如，如果银行的目标是成为市场上最值得信赖的金融伙伴，那么管理者就可以围绕建立信任、提供卓越服务和深化客户关系等方面与员工进行愿景沟通，在潜移默化中实现激励员工的目的。

二、建立共同价值观

为了确保企业文化不仅仅停留在纸面上，银行需要通过行动展示其价值观。银行可以利用各种内部交流渠道，如会议、内部培训、内刊等，来强调其价值观，如诚信、团队合作、创新和追求卓越等。当价值观在每一天的业务中得到实践时，它们就会成为员工行动的指南针，从而激励他们朝着既定目标前进。因此，商业银行要在员工心中种下共同价值观的种子。这种由内而外的动力是长期可持续的，是推动银行业务持续增长、优化客户体验的强大力量。

三、鼓励员工成长和发展

积极的企业文化会鼓励员工的个人成长和职业发展。通过提供培训和学习资源，以及清晰的职业发展路径，银行可以使员工感到自己的成长受到重视，这不仅提高了员工忠诚度，也激励着他们努力工作以实现个人目标。例如，某银行可能向表现优异的员工提供赴海外分行交换学习的机会，或者为潜力员工制订快速晋升计划。

四、构建激励和奖赏体系

有效的企业文化还体现在对员工成就的认可上。通过设立奖励制度，如表彰大会、劳模评选和服务里程碑奖励，银行不仅表彰个人和团队的优异表现，也会展示优秀行为符合企业文化的价值观。在激励机制上，除了常规的薪酬和奖金外，还可以包括员工股票期权、特殊休假权利和健康福利等，以此激励员工不断追求卓越。

五、强化团队精神

银行的企业文化也应强调团队精神和合作共赢。银行应该积极开展团队建设活动，如企业社会责任（CSR）活动、团队建设日等，这样不仅可以增强员工之间的联系，也可以加深员工对银行文化的认同。通过共同参与有意义的工作，员工们能够感受到自己是更大集体中的一部分，这样可以增强他们的团队凝聚力和工作动力。

六、推动创新和变革

银行需要树立一种创新的文化，鼓励员工挑战现状，提出新想法。通过培训和激励计划，员工被提倡去探索改进工作流程的新方法或者新的商业机会。例如，可以设置一个"创新基金"，用于奖励那些能够为银行带来创新变革的想法和项目。在培养和维护积极向上的企业文化的过程中，银行需要不断适应员工需求的变化，并通过532模式确保文化激励策略和银行的整体战略保持一致。

第三节 合规激励

在商业银行的经营管理中，合规性是至关重要的。透明和符合法规的操作不仅可以避免对银行声誉与财务造成损害的高风险行为，还会增强客户和市场对银行的信任。商业银行通过合规激励策略，不仅能够培养一个健壮合规的企业生态，还能够营造一个支持员工成长、认可和奖励正直行为的环境。这些机制能够在提升员工的工作动力、防范合规风险及强化银行整体合规文化方面起到关键作用。在这个背景下，建立有效的合规激励机制成为鼓励员工履行法律法规、加强自我监督、提高工作动力的关键手段（如图3-3所示）。

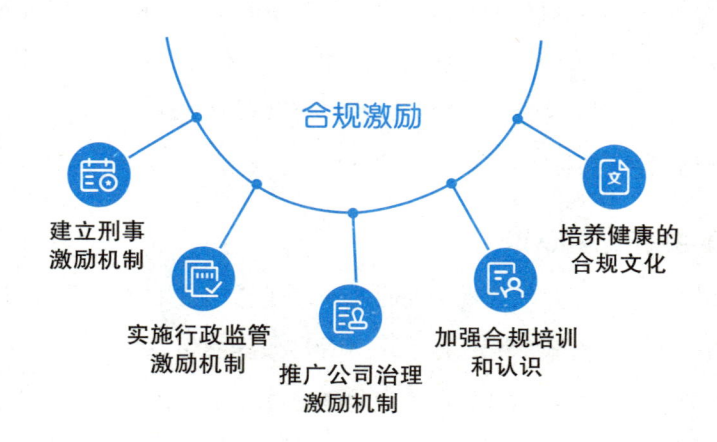

图3-3 有效合规激励机制的五个措施

一、建立刑事激励机制

在刑事激励机制中，商业银行可以明确指出，员工遵守合规要求不仅是个人的法律责任，也是他们职业发展的重要组成部分。在内部可以通过培训和沟通活动让员工明白，银行对于任何违反法律法规的行为的处理都是严格并及时的。此外，商业银行可以为遵守规定的员工提供正面激励，如认可表彰、职业晋升机会等，以此作为积极合规行为的刑事激励。

二、实施行政监管激励机制

商业银行可以与行政监管机构合作，创建激励员工的行政监管激励机制，如实现自我监督的部门可能会受到较为宽松的外部监管检查或额外支持。银行应将行政合规作为员工绩效评估的一部分，通过这种行政激励，鼓励员工主动报告潜在的违规行为，并积极参与合规培训和审核流程。

三、推广公司治理激励机制

在公司治理激励机制中，商业银行应促进所有权与经营权的清晰界定，确保管理层和工作人员明确各自在合规行为中的责任。银行可以通过内部政策，鼓励员工参与改善公司治理的提案和活动。例如，引入合规绩效评价体系，与员工的薪酬和奖金直接关联，这样可以有效推动员工从公司治理角度去考虑如何通过合规行为实现银行的最佳经营业绩。

四、加强合规培训和认识

商业银行应持续提供合规相关的培训，增强员工的法规知识和风险意识。通过案例分享、角色扮演和团队讨论，使得合规教育不再是枯燥的法律讲座，而是一个互动丰富、容易理解和记忆的学习过程。同时，银行可以设置合规知识竞赛或者合规项目奖励，进一步激励员工学习合规知识并将其应用于工作实践中。

五、培养健康的合规文化

银行必须培养一种健康的合规文化，使合规成为银行日常运营的一个自然而然的部分。这种文化可以通过各种形式表现出来，比如领导力的示范效应、合规行为的明确期望及对违规行为的零容忍政策。通过正面的宣示和激励，银行可以让员工认识到，合规是银行长期成功的基石，也是每个人责无旁贷的工作要求。

第四节 客户服务激励

在商业银行这种以客户服务为核心的行业内,如何利用客户服务的方式激励员工是一个至关重要的话题。通过客户服务激励,商业银行不仅可以提升员工提供客户服务的技能与热情,还能够借助优秀的客户服务来提高银行的整体业绩和市场竞争力。这种通过客户服务来激励员工的做法(如图3-4所示),形成了一种积极的循环,不仅提高了员工的工作满意度和忠诚度,同时也加强了客户对银行服务的信任和依赖。

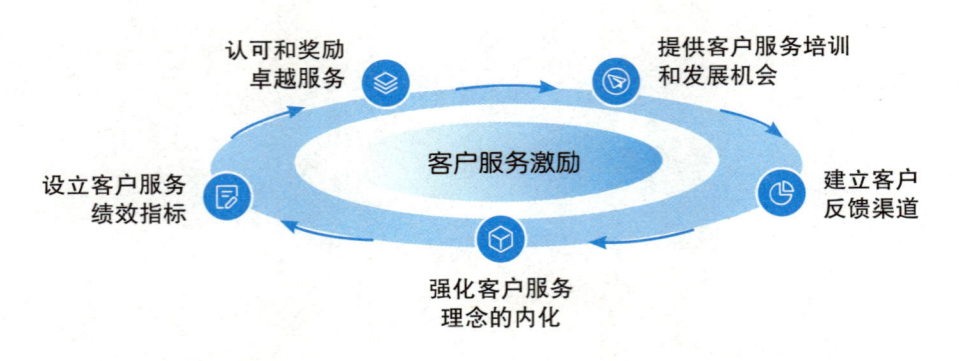

图3-4 客户服务激励的五个措施

一、设立客户服务绩效指标

商业银行可以通过设立明确的客户服务绩效指标来激励员工。这些指标涉及客户满意度调查、服务反应时间、问题解决效率和客户忠诚度等方面。

银行可以定期评估这些指标，并将它们与员工的个人绩效评估相关联。通过给员工设立清晰的服务目标，员工会对自己的服务效果有明确认识，这能显著提升员工的动力和目标导向性。

二、认可和奖励卓越服务

员工在客户服务上的出色表现应得到认可和奖励。商业银行可以设立一系列的奖励机制，如"最佳客户服务奖""服务之星"等，对表现优秀的员工给予奖金、额外休假、公司礼品或公开表扬等形式的奖励。这种正向反馈不仅能提升员工个体的工作满意度，也会鼓励其他员工模仿优秀员工的服务标准。

三、提供客户服务培训和发展机会

为了激励员工提供更好的客户服务，银行应定期提供客户服务培训。这不仅包括基础的服务技能培训，还包括高级的危机处理、情绪管理和个性化服务等课程。同时，优秀的客户服务员工可以获得进阶的培训和发展机会，如赴外地或国外学习新的客户服务理念与技巧，这不仅提高了员工的能力，更增强了员工的工作积极性。

四、建立客户反馈渠道

商业银行可以通过设立客户反馈渠道来激励员工提高服务质量。例如，通过调查问卷、客户访谈和社交媒体互动等方式收集客户反馈，并将这些反馈与员工绩效联系起来。员工可以定期接收到来自客户的直接评价，这种即时反馈机制可以帮助员工了解自己的服务优点和不足，从而激发他们持续改进服务质量的动力。

五、强化客户服务理念的内化

银行应强调内化客户服务理念，如通过培养一种以客户满意为核心的组织文化，鼓励员工从客户的角度出发，提供超出预期的服务。银行可以通过电子邮件或内部通信平台分享优秀服务案例，强调这些服务的价值以及它们是如何实现银行整体战略目标的。员工感受到自己的服务工作不仅被个人客户认可，更是在银行大的战略框架下发挥作用，从而增强他们的服务意识和荣誉感。

第五节　非物质激励

面对银行业内的各种挑战，尤其是大股东操纵与内部人控制等不当行为，银保监会推动的非物质激励机制显得尤为重要。非物质激励旨在破除仅通过金钱激励员工的传统观念，将更多的关注点放在提升员工的内在动机和满足他们的非物质需求上。通过实施非物质激励措施，银行可以激励员工的内在动机，提高他们的工作满意度和忠诚度，并在整个组织中营造一种积极的工作氛围（如图3-5所示）。这样的措施不仅针对当前员工，还可以吸引那些寻求更有意义的工作和更强的职业发展机会的潜在雇员，从而在挑战多变的金融行业中，确保商业银行的稳健成长。

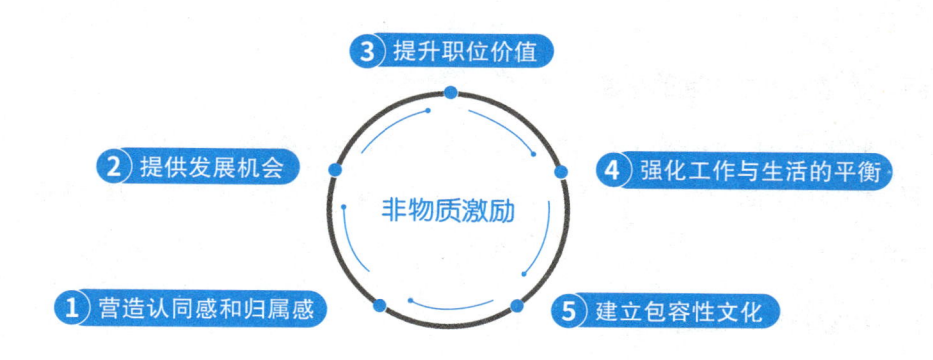

图3-5　非物质激励的五个措施

一、营造认同感和归属感

银行应努力使员工感到他们是组织中重要的一员，他们的工作能够为实现银行的愿景和目标做出贡献。通过举办团队建设活动、定期的交流会议，银行可以让每个人感受到自己的价值，感受到自己是团队的一分子。银行还可以通过表彰会议和公共橱窗等方式，宣扬优秀员工的故事和成就，提升员工的认同感和归属感。

二、提供发展机会

银行可以为员工提供各种个人与专业成长的机会，这些机会可以是在职培训、学术会议、在线课程，甚至是高级学位课程，以支持他们的职业发展和技能提升。员工个人的成长和进步，特别是当他们能够看到自己在职业生涯中的进步时，是一种强大的非物质激励。

三、提升职位价值

除了晋升机会外，确保职位本身具有挑战性和成就感也是关键。工作设计要能够让员工利用和发展他们的技能，同时给他们解决问题和做出实质性贡献的机会。这不仅仅要给予员工更多的职责，还要确保这些职责是有意义和重要的。

四、强化工作与生活的平衡

商业银行还可以通过提供灵活的工作安排、额外的休假政策和家庭友好的工作环境来激励员工。这表明银行关心员工的福祉和生活质量，并理解他们在工作以外还有其他的关注点和责任。

五、建立包容性文化

一个包容的工作环境能够让员工感受到被尊重和支持。银行应该致力于创造一个多元化和有包容性的工作场所，无论其背景如何，员工可以自由地分享自己的想法和意见。提供心理支持、咨询服务和其他形式的非物质支持，可以帮助员工在工作中保持积极和专注。

第六节　客户经理的激励之旅

小王是一名知名商业银行的客户经理。对他来说，每天的工作充满挑战：需要为客户提供高质量的服务，同时达成销售目标，维护合规性，又要在激烈的行业竞争中保持锐意进取的心态。银行近期决定实施综合激励策略，提高员工积极性，从而增强客户满意度和内部合规文化。

1. 培训激励——完善能力，提升自信

小王参加了银行组织的一系列培训，内容涵盖了金融产品知识、软技能和合规标准等。这些培训强化了小王的职业技能，提高了他对金融产品的认识，同时加强了与客户沟通的技巧。银行为完成特定培训课程的员工提供了专业认证，凭借所获证书，小王不仅赢得了客户的信赖，也激发了自身更大的工作热情和成就感。

2. 企业文化激励——塑造归属感，增强动力

银行的企业文化突出团队合作和客户为本的价值观。在日常工作中，小王所在的团队定期举行团队建设活动，让成员协同解决问题，加强团队之间的紧密合作。银行领导通过公开赞扬小王团队的表现，不仅在团队内营造了积极向上的氛围，也让小王感受到了深厚的归属感和自豪感。

3. 合规激励——规范行为，保障职业道德

银行通过建立行之有效的合规激励机制，鼓励小王和他的同事们在工作中严格遵守法规和内部规章制度。例如，小王在客户投诉处理时表现出的高度合规性受到了表彰，并得到了额外的休假奖励。银行通过这种方式强调了

它对正直和合规行为的高度重视。

4. 客户服务激励——追求卓越，增加满意度

由于小王总是能巧妙地处理客户的疑问并提供超越期待的服务，因此，被银行选为每月的"客户服务之星"，银行甚至在内部通信平台中发布了他的成功案例，这大大提高了他在客户和同事中的声望。这个荣誉不仅提升了小王的自信心，也鼓励了他继续提供出色的客户服务。

5. 非物质激励——回应需求，激发潜能

银行还特别注重满足员工的非物质需求。银行了解到小王对个人成长有着极高的追求，于是为他提供了职业发展规划辅导和参加行业大会的机会。小王在这些活动中获得了宝贵的见识和人脉，这对他个人生涯发展意义重大。

小王的故事凸显了商业银行在员工激励策略上的细致和全面。通过对各个角度的激励手段的分析，我们可以看到这些策略是如何协同工作，以激发员工潜力，提升工作效能，并最终促进银行整体目标的实现的。

第一，培训激励是提升员工能力和自信的关键。通过参与专业培训，小王不仅加强了对金融产品的深入了解，还提高了与客户沟通的软技能。这种能力上的增长直接提高了他的工作效率和服务质量，从而对客户满意度产生了积极影响。专业认证的获得更是为他在同行竞争中提供了优势，为个人品牌增加了价值。

第二，银行强调的企业文化是塑造员工归属感和增强动力的重要元素。团队建设活动和领导的公开表扬让小王体会到了团队合作的价值，并在日常工作中找到了更大的动力和意义。这种归属感是内部凝聚力的来源，有助于营造出一种共同努力，朝着统一目标前进的团队氛围。

第三，合规激励显示了银行如何通过体系化的奖励机制，来强调和维持高标准的职业道德。通过对小王合规行为的认可，银行强化了所有员工遵守

规章制度的决心。这不仅体现了银行对合规和诚信的承诺，也提升了员工的自我要求和自我监督。

第四，客户服务激励显然是提高员工与客户之间相互作用质量的有力工具。小王成为"客户服务之星"不仅提升了他个人的自信，还激励他继续提供高标准的服务，并为同事们树立了榜样。

第五，非物质激励直接响应员工个人成长和职业发展的需求。银行为小王提供了职业发展规划辅导和参加行业大会的机会，这不仅丰富了小王的职业生涯，也使他能够为银行带回更多的信息和资源，成为银行宝贵的资产。

通过小王的案例分析，我们可以得出结论：综合的激励策略不仅能提高员工的积极性和满意度，还可以促进服务质量的提高和内部合规文化的加强。为了实现长期的组织发展目标和市场的稳固，商业银行需要通过这样的激励手段来调动员工的积极性和创造性，从而在竞争激烈的市场环境中继续保持优势。

第四章

激发工作动力机制

第一节　薪酬激发

在竞争日益加剧的商业环境中，银行业务的成功越来越取决于员工的努力和创新能力。商业银行通过创造一套有吸引力的薪酬激励机制，可以大大增强员工的工作动力和忠诚度。薪酬激励对于增强商业银行员工的工作动力具有决定性作用。通过确保薪酬体系的竞争力、设立绩效奖金、引入股权激励及提供非现金薪酬，商业银行能有效地吸引和保留人才、提高员工满意度，以及驱动整个团队为实现银行的长期发展目标做出更大贡献（如图 4-1 所示）。这样的薪酬激励机制将为银行带来持续稳定的发展和盈利能力。

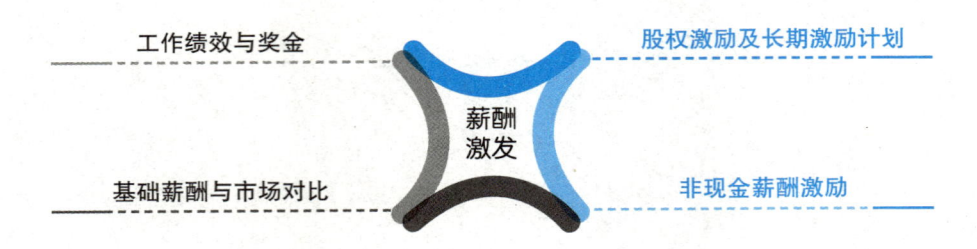

图 4-1　薪酬激发工作动力的四种方式

一、基础薪酬与市场对比

为了吸引和留住高效能的员工，商业银行需确保其提供的基本薪酬不仅与员工的职位、经验和贡献相匹配，而且应与行业内其他机构的标准相近或更具吸引力，以及要在当地市场中保持竞争力。这意味着银行需要定期开展薪酬市场调研，了解同业竞争者的薪酬水平，并按相应数据调整自身的薪酬体系，以确保其在求职市场上的吸引力。此外，银行应关注非金融福利的市场趋势，比如医疗保险、退休金计划等，从而提供一个全面的薪酬福利方案。

例如，对于一个资深的贷款审批经理，如果他的薪酬明显低于同行业、同职位的标准，将难以维持其工作热情和忠诚度，他很可能会被竞争对手"挖墙脚"。因此，商业银行要定期进行薪酬市场调研，根据结果定期调整员工薪资，以确保员工满意，促使他们投入更多的工作动力。

二、工作绩效与奖金

除了基础薪酬外，商业银行要设置清晰透明的绩效评估体系，并将具体的业绩目标与绩效奖金紧密连接。这种奖金体系需要能够量化员工的个人贡献，确保那些高效率和高质量地完成工作的员工能够获得相应的经济奖励。员工达成或超越既定目标时，可获得额外的奖金，这不仅提升了员工的士气，还鼓励团队持续优化工作过程，进而提高整个银行的业务表现。

例如，在一个季度内，一位客户经理成功地拓展了五个重要企业客户，执行了合同并提高了贷款组合的盈利性，银行因此给予他一定比例的奖金，以体现银行对其工作成绩的认可，进一步激发他未来发展业务的积极性。相对于"死工资"，这种灵活的绩效奖金更能激发员工的工作动力，促使他们在未来的工作中，保持更大的活力和竞争力。

三、股权激励及长期激励计划

对于某些关键岗位的持股员工或管理层，以及那些在银行工作时间非常久或对银行业务发展有重大贡献的"元老级"员工，商业银行可以考虑为其拟定股权激励计划。这些计划可能包括股票期权、限制性股票单位（RSUs）或长期股权激励计划，这样的激励措施不仅能够绑定员工的个人利益与公司的长期繁荣发展，而且能鼓励员工做出更高程度的承诺和对银行长远业绩的持续关注。

例如，一个在银行工作了十年的风险管理高级分析师，因长期的良好表现，获得了银行股票期权，这不仅提高了他的财务回报，也巩固了他与银行的关系，能推动他继续为银行提供高质量服务。

四、非现金薪酬激励

除了传统的薪酬激励外，商业银行可以通过一系列非现金的薪酬激励方案来进一步提高员工的忠诚度和满意度。例如，银行可以根据员工需求提供额外的假期，包括长服务假或生活大事假期；实施灵活的工作时间制度，帮助员工更好地平衡工作和家庭责任；提供专业发展的机会，如支持员工参与专业培训课程、研讨会，或承担更有挑战性的新职位。此外，银行还能提供健身房会员、子女教育津贴、住房贷款优惠等激励形式，以此作为增加员工对公司认同感和归属感的手段。这种多元化的薪酬方案为银行创造了一个全面的员工奖励和保留策略，使其在人力资源市场上处于有利地位，同时加强了员工工作的积极性和创造性。

第二节 晋升激发

在商业银行这一高度的客户导向和服务驱动的行业中,员工晋升体系作为激励员工的重要手段,能够有效地提升员工的工作动力和组织的整体绩效。商业银行通过为员工提供明确的晋升路径、设立绩效导向的晋升标准、提供跨部门晋升机会、晋升与个人发展计划的结合,以及激发领导潜能与晋升激励相结合这些策略,可以有效地利用晋升来激发员工的工作动力(如图 4-2 所示)。这些策略能够提升员工的积极性,以及银行整体的服务质量和市场竞争力,从而进一步巩固银行在行业中的地位。

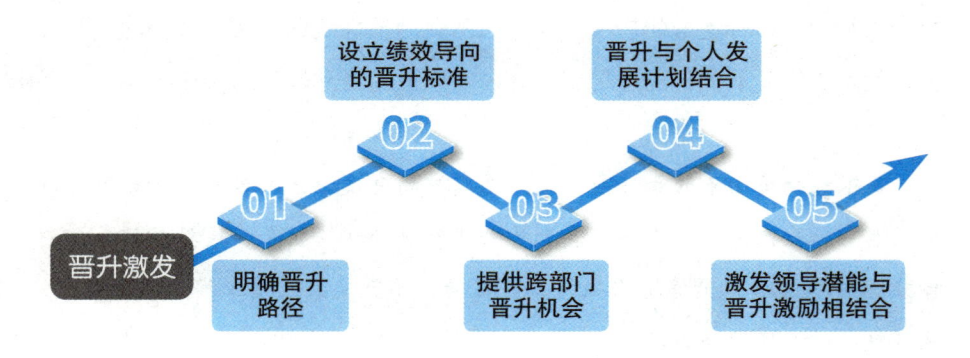

图 4-2 晋升激发工作动力的五个步骤

一、明确晋升路径

员工对未来职业发展持有清晰预期,这不仅有助于他们规划自己的职业生涯，也极大提升了他们的工作动力。因此，商业银行应明确地设立和传达职位晋升的各个阶段和相关要求，包括什么样的工作业绩和能力是晋升各级职位的前提条件。通过透明化的职位框架和晋升政策，员工能够客观评估自己的发展空间和所需努力的方向，同时银行也能确保人才的稳定性和忠诚度。

一位初级客户经理在加入某银行的前两年参加了全面的业务培训后，该银行应该向其明确指出，表现优异的客户经理在后续的3~5年里有晋升为高级客户经理或获得其他管理职位的机会，这样能极大地激励初级客户经理提升业务能力的积极性，从而达成更好的工作业绩。

二、设立绩效导向的晋升标准

在决定员工晋升时，银行应当依据一个公正、客观的绩效评估系统。这一系统应当包括详细的量化指标，如销售业绩、项目管理效率、客户满意度及个人和团队目标达成的情况。这些可衡量的指标确保了晋升过程的透明公正，使员工能了解如何通过努力实现个人职位的晋升。

某银行柜员小王的晋升条件之一是客户满意度，如果客户在服务后的调查问卷中给出高分，小王将有晋升为初级客户经理的机会。这类绩效导向的晋升标准不仅给予了员工明确的工作目标，而且能激发员工提升服务质量，赢得更高满意度的动力。

三、提供跨部门晋升机会

为员工提供横向发展和多样化的晋升机会也是一种有效的激励方式。员工可在不同业务领域或部门间晋升，不仅可以增长见识，还能够学习新技能，这对于提升他们的工作动力非常有效。

小李在风险管理部门工作期间表现出对大数据技术的浓厚兴趣，并自学了多种数据分析工具。在日常工作中，他主动承担起了使用这些工具对风险数据进行深入分析的任务，并提出了多项改善的建议，这为银行管理层提供了有价值的洞察信息，并帮助银行改进了一些风险评估流程。在一次内部人才发展会议上，数据分析小组的负责人注意到了小李的技术潜力，并推荐他加入自己的小组。小李的转岗不仅充分发挥了他在数据分析上的才能，也令他能在技术上不断进步，实现了个人和组织目标的双赢。他的晋升案例在整个银行内部广为传播，激励着更多员工去探索个人兴趣并努力提升自我。

四、晋升与个人发展计划结合

商业银行应根据每个员工的个人能力、职业目标和兴趣，提供定制化的发展计划。通过职业咨询、定期的发展评估和反馈，员工能够得到更明确的职业导向。个性化的发展计划可以将员工的长远职业目标与银行的需求相结合，从而实现员工和银行的共同成长。

在客户服务部门工作的小陈因其出色的客户沟通能力和解决问题的能力而备受赞誉。作为一名对工作越来越有热情的员工，她对参与更多后台的产品开发和管理流程抱有强烈兴趣。银行管理层识别到小陈的潜力，并为她定制了一个全面的个人发展计划。计划包括为期一年的诸多培训课程，旨在加深她对银行产品的理解；参与一对一的导师项目，和高级经理紧密合作学习决策过程；在不同部门间进行职责轮换，让她获得实际操作经验。通过这些完整的规划和系统性的执行过程，小陈在接下来的年度评审中获得晋升，距离她期望的产品经理职位更近了一步。

五、激发领导潜能与晋升激励相结合

员工领导力的培养对于任何组织都至关重要。商业银行可以通过培训工作坊、导师制度和领导力挑战项目等措施，挖掘和激励员工的领导潜能。有潜力的员工可以被选拔参与重要的项目和决策过程，这样的责任感和认可感能够进一步激发他们的工作热情。同时，通过这种实际的领导经验，员工将更有动力和信心去迎接更高层次的职位挑战。

小刘在银行的一个关键项目团队中工作，项目的目标是推行一项新的客户关系管理策略。在项目执行期间，小刘展现出卓越的团队协调能力和领导才华，有效地推动了项目的进展。其积极的态度和解决问题的能力使得项目在预定时间内成功完成，并且得到了客户的高度评价。银行管理层见证了小刘的表现，并认为她是银行未来领导团队的合适人选。因此，银行为她提供了领导力培训课程，并在后续的组织架构变动中给予了她晋升为客户关系管理团队主管的机会。通过这次机会，小刘得以在更高的职位上应用她的技能，同时帮助银行打造更强大的客户服务团队。

第三节 创新激发

在商业银行内,员工的创新精神对激发其工作动力有着非同一般的作用,商业银行可以通过创新文化的培育、创新激励机制的建立、实质资源的提供及快速反馈机制的建立,有效激发员工的工作动力和创新热情,创造出更佳的银行服务、产品和流程,促进业务增长,提升客户满意度,同时营造银行员工主动思考、积极进取、勇于探索新领域的良好氛围(如图4-3所示)。

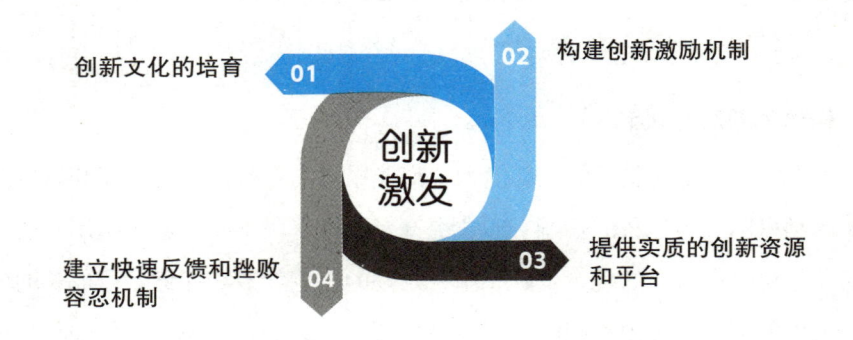

图4-3 创新激发工作动力的四个措施

一、创新文化的培育

创新始于文化。为了激发员工的工作动力和创新精神,商业银行需要从培育一种支持创新的企业文化开始。银行管理层首先要以身作则,鼓励团队不断尝试新想法并接受可能伴随的失败。例如,可以实施"创新星期五"政策，允许员工在周五的一段时间内自由探索和研究非日常工作的新概念或技术。这不仅提供了一种正式的机制来鼓励创造性思维，也展示了银行对创新价值的认可。此外，银行可以设立一个专门的创新基金，用于投资那些具有潜力的新点子或项目。员工可以申请这些基金来验证他们的想法，进行原型试做或市场调研。这种资金支持可以极大地减轻员工在创新过程中可能面临的财务压力，并激励他们将创意转化为实际行动。

为银行提供咨询时，我曾鼓励领导层率先试范，营造并传递一种鼓励创新的文化氛围。在某商业银行项目中，我们推广创新驱动发展的理念，领导团队不仅分享他们的创新经验，还设立创新日，激励每位员工为改进服务、产品和流程贡献自己的独特想法。银行的管理层必须承诺会实践和支持创新，会提供必要的资源，并为员工提供进行试验的自由空间。

二、构建创新激励机制

为了更好地驱使员工的创新潜力，商业银行需要构建更为直接和有效的创新激励机制。与传统的薪酬、职位提升等激励手段不同，这些机制可能包括为新想法提供可观的现金奖励、举办定期的创意竞赛和提供专业成长的机会，还可以更进一步地组织团队创新挑战赛，以激励员工集体智慧的构想和实施。在这些活动中，所有员工都有机会展示他们的想法，获得反馈，并有可能将他们的点子转化为现实。

我曾协助某商业银行推行一个"客户体验创新计划"，该计划旨在鼓励银行员工从自身和客户的角度思考，提出能够显著改善客户体验的创新想法和解决方案。银行对于经过初步评审的具有潜质的方案，给予一定数额的资金支持以推动其从概念到试点项目的落地实施。方案的实施结果会由一个委员会进行评审，并根据客户反馈和改善效果决定是否进行规模化推广。最终获得成功的团队或个人，除了会获得额外的奖金外，还会被授予公司的创新奖章，这不仅是对其贡献的认可，也在全行范围内树立了创新的典范。

三、提供实质的创新资源和平台

为了确保创新不是空中楼阁，银行必须为员工提供所需的实质资源。这可能包括专门设置的时间，允许员工跳脱常规职责以探索新想法；必要的资金支持，来验证并实现这些构想；访问最新技术的机会，以及必要的技术支持和专业培训，确保能够实施复杂的创新议题。

某家商业银行就曾经建立了一个内部的"创新孵化器"，它类似于一个迷你版的创业加速器，员工可以在此将他们的想法孵化成为可行性计划和商业模型。孵化器内不仅配备了一流的设施和资源，还有自创业、行业研究和技术开发等领域的专家提供辅导。员工可以在这里获得专业的市场分析、产品设计建议和 IT 技术支持，甚至联系真实的客户群进行早期产品测试。这种全方位的支持大幅提高了员工的创新能力，也使他们能够在一个有凝聚力的环境中分享知识和实践经验，共同致力于银行的未来发展。

四、建立快速反馈和挫败容忍机制

创新往往伴随着风险与失败，如何处理失败更是激励创新的重要考量。在组织内部建立一个快速反馈机制，可以帮助员工迅速从失败中学习经验，调整他们的创新策略。同时，银行应当容忍失败和挫折，鼓励员工从错误中吸取教训，而不是简单地施以惩罚。

我曾为某家商业银行辅导一个名为"灵动工坊"的项目，旨在通过员工工作坊来鼓励创新想法的提出与共享。在该项目中，一位前台员工小李提出了一个移动应用创意，通过该应用，客户可以预约柜台服务，避免排队等候。即便该项目最终因种种原因未能完全实施，小李和参与的团队成员依然因为他们的尝试和创新思维得到了认可和奖励，体现了银行支持创新和学习的文化氛围。

第四节 授权激发

在任何一个银行，员工的工作动力往往直接关系到整个机构的效率和服务质量。授权是一种强大的激励手段，它通过将权力和决策能力下放给员工来提高员工参与度和责任感。通过营造基于信任的工作环境、提供明确的职权界定、建立完善的支持和培训体系、推行参与式决策及实施正面反馈与错误容忍措施，商业银行能够有效地利用授权激发员工的工作动力（如图4-4所示）。这些措施不仅能够提高员工的参与度和满意度，而且可以提升组织的整体绩效和服务水平。

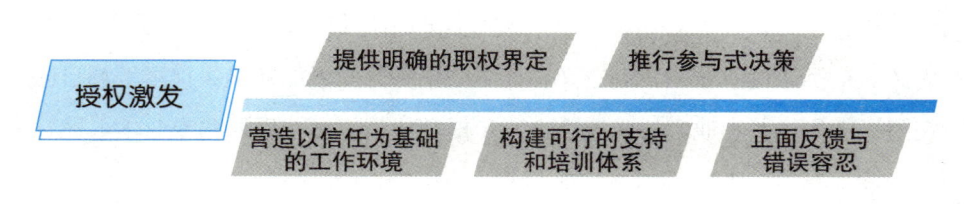

图4-4　授权激发工作动力的五个措施

一、营造以信任为基础的工作环境

要想有效地利用授权激发员工的动力，银行首先就需要营造一个基于信任的工作环境。从心理学的角度来看，信任是人际互动中的基石，是团队合作与员工自主化管理的前提。领导者信任员工，可以提高员工的自尊心和自我效能感，这两者都是驱动内在激励的重要因素。此外，根据社会交换理论，当员工感到他们的决策和能力被上级信任时，他们更可能以高质量的工作成果和忠诚度回报公司。因此，在这样的氛围中，员工不仅感到自己的贡献被重视，还会因为这种信任感而提升自己的工作表现和创造力。

某商业银行在分行实施了一项政策，允许资深客户经理在某个额度内自行批准贷款，这种对其专业能力的信任极大提升了他们的自主性和满意度，进而激发了他们在工作中的主动性和创造力。在授权的过程中，员工感受到了工作价值的提升，从而积极地为银行的发展贡献力量。

二、提供明确的职权界定

正确的授权机制还需要明确员工的职权范围。管理学理论中的角色理论指出，当员工明确了解自己的职位角色和期望时，他们会更有方向感和控制能力，工作表现也相对更优秀。同时，根据目标设定理论，清晰的职权范围有助于员工为自己设定可接受且有挑战性的工作目标，从而提高工作动力。因此，银行通过专业的角色定义和详尽的任务分配，能够确保员工了解自己在组织中的位置和他们的职能，进一步提升他们的工作投入和专业化水平。

某商业银行对其客户服务代表的职权进行了重新界定，使其能够处理更多类型的客户投诉。这不仅减轻了管理层的工作负担，也让客户服务代表感到自己的工作更有意义，增强了他们解决问题的能力，激发了工作积极性。

三、构建可行的支持和培训体系

授权并不意味着放任自流，银行必须提供必要的支持和培训，确保员工获得授权后能够做出合理的决策。在心理赋能理论中，员工的自主性能力、胜任感、对工作的意义感和影响感是员工工作动力和表现的关键。因此，授权的同时，银行必须结合系统的支持与培训来确保员工在获得更大职权后，能够做出明智的决策并维持高效的工作表现。通过完善员工的能力结构和风险评估机制，可以避免放任自流的局面发生。银行通过这样的培训和支持系统，能够培养员工的自我调控能力，使其在更高的自主性中继续发挥专业优势，并对工作结果承担更大的责任。

某银行为前台员工提供了一系列的风险管理和客户沟通的培训，使其在拥有更多自主权的同时，也能更好地理解和承担相应的责任。通过这样的培训，员工在得到授权后能够更自信、更有效地工作。

四、推行参与式决策

参与式管理理论认为，员工在决策中的参与程度可以显著影响他们对工作的满意度和内在动力，较高的参与度会使他们感受到自己对企业价值的重大贡献。通过参与决策过程，员工会对工作产生更强的掌控感和从属感，并且能够更好地理解和认同决策结果。让员工在直接影响他们工作效率的问题上发声，从而在银行内部形成一种互动、共创和共赢的环境，有助于提高员工的参与度和团队凝聚力。授权的精髓在于员工可以参与到决策过程中去，从而感受到自己工作重要性的提升。

在某商业银行，管理层开放了部分会议，让基层员工参与讨论和决策，尤其是那些直接影响到客户服务的议题。这种做法能增进员工的归属感，激发他们提供新的想法和改善方案。

五、正面反馈与错误容忍

授权必须伴随正面反馈和对错误的容忍。银行应对员工做出的积极决策给予积极反馈，同时在出现错误时提供指导而不是直接惩罚。根据正面心理学和组织行为学研究，正面反馈和对错误的宽容态度对于营造一个鼓励创新和自主的工作环境至关重要。正面反馈可以增强员工的积极情绪，促进他们的工作积极性和自我提升，而容忍错误则创造了一个安全的试验和学习环境，使员工更愿意探索新的可能性而不害怕面临失败的后果。银行应该将这两者作为授权过程的一部分，通过建设性的评价和积极的激励来引导员工在权力范围内自主高效地工作，同时，通过允许犯错并分析错误发生原因，将其转化为学习和成长的机会。

某商业银行在实施新的贷款审批流程时，若员工在操作中犯错，管理层会优先考虑流程是否存在不合理之处，而不是立即把错误归咎于员工身上。积极的反馈和对错误的宽容鼓励了员工在授权下更加大胆和负责地工作。

第四章 激发工作动力机制 85

第五节 市场竞争激发

在商业银行这样一个竞争激烈的行业里，市场竞争是员工工作的动力来源。员工们在健康的市场竞争环境中可以不断地挖掘自身潜力，达成个人和企业的成长目标。通过市场竞争，商业银行能够有效激发员工的工作动力，推动员工主动提升个人业绩，同时为银行在激烈的市场竞争中保持优势贡献力量（如图 4-5 所示）。这样的竞争激励机制不仅提升了员工的积极性和参与感，而且还帮助银行自身保持创新和适应性，不断进化以应对市场的变化。

图 4-5 市场竞争激发工作动力的四个措施

一、绩效相对评价

绩效相对评价的依据是社会比较理论，该理论表明人们倾向于根据他人的表现来评价自己的能力和情境。在业绩管理中，这种相对评价可以促进员工之间的正向竞争，激发他们追求优异业绩的欲望。通过比较自己与其他同事的业绩，员工可以更清楚地了解自己在团队中的位置，从而激励自己取得更好的成绩。此外，根据锦标赛理论，绩效相对评价体系还可以在员工之间设置梯级奖励，进一步加强他们追求高绩效的动因。商业银行可以采用绩效相对评价体系，在同一部门或相似职能部门内部进行员工绩效排名。这种方法可以激励员工取得更好的业绩。

一家商业银行设置了季度销售竞赛，对在新客户获取或贷款销售量上排名前几位的员工进行奖励。这样的排名制度直接将市场竞争的压力转变为员工的工作动力，从而去提升整个团队的业绩。

二、市场竞争情报共享

市场情报在现代企业决策中扮演了关键角色。通过将情报共享纳入组织的学习范畴，商业银行能提高全员的战略思维和市场意识。依据学习型组织理论，知识的共享能强化组织内部的信息流动和员工的专业能力提升，从而提升团队对不断变化的市场的适应能力。通过分析竞争对手的动态，员工能够将个人工作更好地与银行战略目标对齐，从而在工作中寻求提高服务和产品质量的创新方法。银行可以定期与员工分享市场竞争情报，包括竞争对手的策略、市场份额、新产品发布等，激励员工进行市场竞争分析，找到自己工作与市场变化之间的连接点。

通过市场竞争情报共享机制，一位贷款产品经理了解到竞争对手推出了一款新的无抵押贷款产品，于是便积极调整自己的产品策略，致力于提升产品竞争力，从而激发了其创新精神和工作动力。

三、客户满意度与市场份额挑战

在当今以客户为中心的市场环境中，客户满意度对于维持和扩大市场份额至关重要。依据服务质量模型，银行提升服务质量和客户满意度能直接影响客户忠诚度和口碑传播，进而提高银行的整体业绩。通过将客户满意度作为衡量员工业绩的一项重要指标，银行能够激励员工更加关注客户需求并致力于提供优质服务。因此，将员工的服务质量与客户满意度、市场份额挂钩，可以极大激发员工的工作动力。

某商业银行设立了长期的客户满意度调查措施，以客户评价反馈为员工的服务绩效的参考，进而影响员工的薪酬和晋升。如此一来，员工被激励着去争取更高的客户满意度，以帮助该银行在市场竞争中赢得更大的份额。

四、内部创业机制

内部创业，也被称为企业中的创业，是指企业内部员工像创业者一样，追求创新和业务机会，并且能够在公司的支持下自主行动。员工将看到的市场机会转化为内部的创新行动，这样的行为可以激发员工的创业精神，提升员工的自主性和责任感。此外，员工作为内部创业者时，面临的风险较外部创业更低，使得创业的门槛得以降低，并为创新提供了一个相对安全的测试环境。商业银行可以允许和鼓励员工在公司内部"创业"，允许有志之士提出新的业务理念，甚至成立新的业务团队。内部创业机制可以让员工把个人的事业与银行的利益结合起来，感受到与市场的直接竞争，从而激发他们的创业热情和工作动力。

有经验的个人理财顾问小林，提出了一项面向年轻创业者的金融服务方案，并得到支持，这种机会使他以创业者的身份工作，更直接地体验到了市场竞争和个人成就感。

第六节　科技创新激发

随着科技的日益发展，科技元素已经布局于商业银行的方方面面，商业银行应该考虑通过科技创新激发员工的工作动力（如图4-6所示）。

图4-6　科技创新激发工作动力的四个措施

一、技术赋能

员工对新技术的接受程度取决于他们对其有用性和易用性的认知。银行可以通过提供最新的科技工具和平台来赋能员工，配合适当的培训和支持，可以增强员工对新技术的认知，从而促进员工对新技术的接受和应用。

某银行通过引入先进的客户关系管理（CRM）系统，帮助员工更好地理解客户需求、跟踪销售机会并提供定制化服务。当该银行的员工看到科技如何简化他们的工作流程,并为他们节省时间后,他们便更加积极地接受了新工具,并将其转化为工作中的动力。

二、持续的教育和培训

持续学习是个人和组织适应快速发展的环境的关键。为员工提供持续的技术教育和培训机会,不仅有助于提高员工的综合能力,也能激发员工的成长动机。银行通过定期更新教育课程,鼓励员工获取最新的行业凭证,能够帮助员工维持终身学习的积极态度。知识的提升能够让员工感到自己在不断进步,从而促进他们将新技术应用到每日工作中。

某商业银行推出了"数字技术月",每年的这个月中会组织多场与金融科技相关的研讨会和工作坊,邀请金融科技公司代表和内部资深技术专家分享新趋势、新技术及最佳实践。银行员工通过这些活动增强了对金融科技的理解,并学会了如何将这些科技应用于日常工作之中。一位资深贷款审批员在参与了关于人工智能在贷款审批中的应用的工作坊后,便开始探索如何将AI技术引入风险评估流程中,有效提升了审批的准确度和效率。

三、创新支持和资源可及性

组织能够实现目标在很大程度上取决于获取和管理关键资源的能力。当银行为员工的创新想法提供必要的资源时,这些创新项目更有可能成功实施。支持可以是资金、时间,或者允许员工从日常任务中脱身出来专注于创新项目。这种资源的投入可以激活员工的创意思考,提高整个组织的适应性和创新能力。因此,银行应该支持员工提出创新思路,为这些创新项目提供必要的支持。

一家采取科技转型战略的银行，创建了一个内部的"创新实验室"，任何员工都可以提交他们的科技项目建议。这些建议如果被采纳，银行便提供必要的开发资金与技术支持，甚至是时间资源来允许员工进行项目实践。当一位从事信贷分析的员工提出了一个利用区块链技术来追踪和管理贷款记录的想法时，银行支持他和一些跨部门团队成员来完成这个概念验证。该项目不仅提高了贷款处理的有效性，同时也展示了这位员工在金融科技方面的专业性。

四、创新驱动的文化建设

　　企业文化中对于创新和风险承担的态度会深刻影响员工的行为。强调创新驱动的银行文化能够为员工提供一个积极、包容的工作环境，其中员工会被鼓励思考如何利用科技创新提升自身和银行的业绩。当企业文化支持员工采用和尝试新科技时，员工将看到他们的工作得到认可，从而更积极地参与到创新和改善流程中去。银行必须建立一种强调创新驱动的文化，将创新视为一种普通的、受期待的行为。这意味着当员工试图通过新科技提高服务或操作时，他们会得到认可和鼓励，而非抵触和阻挠。这种文化能够激励所有员工不断探求如何将科技创新应用于提升个人及银行的业绩上。

　　某商业银行管理层为了突破传统观念而宣扬"科技即未来"的理念。为了推动这种文化，银行每月举办"科技创新分享会"，在这些活动中，员工们宣讲他们如何应用新科技提高了工作效率或开拓了新的业务领域。一位营销团队的员工通过这个平台分享了她如何使用社交媒体大数据来分析客户群体的需求，从而提高了营销活动的针对性与转化率。她的方法不仅在银行内部受到了积极反响，还被纳入银行营销战略的一部分，激励了更多员工探求自身工作中的科技创新机会。

第七节　团队建设激发

当前商业银行在面对市场竞争和金融创新的双重挑战下，建设一个高效且充满活力的团队显得尤为重要。通过良好的团队建设，商业银行能够有效地激发员工履职尽责、积极进取的工作态度，为银行创造出更高的业绩，满足日益上涨的市场竞争和客户服务要求（如图4-7所示）。通过聚焦团队建设，并与业务发展融合，银行不仅能够提升员工的工作动力，还能够形成以人才和团队为核心的发展动能。

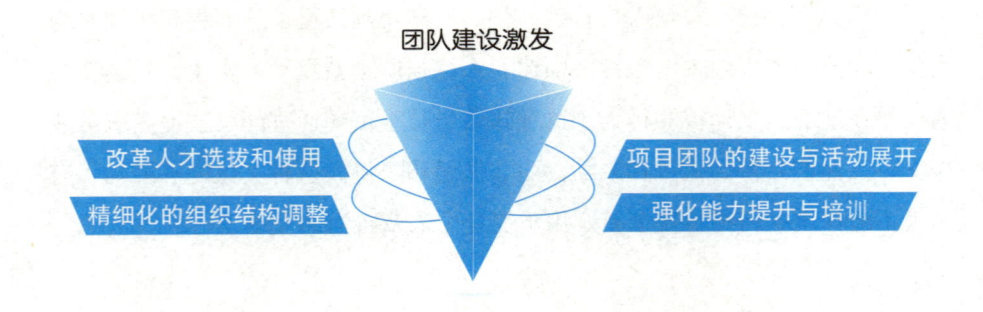

图4-7　团队建设激发工作动力的四个措施

一、精细化的组织结构调整

按照组织设计理论，组织结构应该随着外部环境的变化和组织内部战略目标的调整而进行相应的优化。精细化结构调整可以提高决策效率，增强客户响应速度，从而提升组织的市场竞争力。在调整过程中，采用去中心化的管理模式可以赋予基层单位更多的自主权，有效提高对地方市场需求的敏感度和满足度。因此，商业银行应根据各自的市场定位、战略目标和客户服务需求进行有针对性的组织架构调整。

某农商银行发现，传统的集中管理模式导致对地方农民和中小企业客户需求反应不够灵活。因此，银行进行了精细化的组织架构调整，将决策权限下放到县级支行，甚至乡镇分支机构，允许他们根据当地实际情况调整信贷产品和服务。这种结构的优化不仅提升了银行产品的市场适应性，也激发了基层员工的工作热情和创新精神。

二、改革人才选拔和使用

通过开展岗职梳理、双聘双选等用人改革，银行可以不断地将优秀的人才推向管理层，同时补充后备力量。通过竞聘，员工有机会因业绩出众而迈进管理层，工作上的积极性和职业上的发展愿望就能得到有效激发。这样的人才选拔制度，特别是对于年轻的员工群体，既是对他们个人工作价值的认可，也反映了银行对未来发展的投资和重视。

某城商银行推出了"明日之星"计划，这个计划旨在通过竞聘机制选拔表现出色的年轻员工，并给予他们参与重要决策和领导项目的机会。其中一位27岁的员工，凭借其在数字化转型项目中的出色贡献，成功晋升为部门的副总监。这一人才选拔和使用策略的改革，使得年轻员工充满职业发展的热情，并为银行带来了新的思路和活力。

三、项目团队的建设与活动展开

项目团队的建设是提高组织适应性和创新能力的有效途径。根据组织行为理论，参与项目团队中的员工能够实现跨职能合作，增强沟通和协调能力。通过团队内的责任分配和目标共享，成员的合作精神和归属感得到强化，进而提升对挑战的应对能力和创新思维。银行应成立多个与业务发展紧密相关的项目团队，能极大地提升员工的参与感和归属感。通过业务技能提升、网红直播等项目团队的活动，员工有更多机会展示自身才华，同时这些团队活动创造了一个学习和交流的平台，提高了员工的职业技能，增强了团队的整体竞争力。

一家大型国有银行推出了"新兴科技突破"项目团队，旨在加速银行的数字化转型进程。银行广泛招募来自不同部门的员工参与项目中，并提供培训和实战演练机会。通过这些团队活动，员工不仅获得了宝贵的新知识和新技能，还在提升银行产品质量和服务竞争力方面做出了贡献。其中一个团队开发了一个基于区块链的支付系统，大大提高了交易的安全性和效率。

四、强化能力提升与培训

持续的学习和发展是组织适应环境改变和技术升级的必要条件。学员在专业发展和学习上拥有自主性和目的性，他们更倾向于在实践中学习，即时得到反馈，并解决实际问题。商业银行可以实行系统性的培训策略，致力于提升员工的专业技能、战略思维和领导能力，不仅能提升个人绩效，也能够提升整个银行的运营效率和服务水平。通过联合其他银行举办中高层管理人员培训，银行可以不断更新教育理念，完善培训体系。明确员工取得职业资格证书的需求，如管理层员工需要取得中级及以上职称，这样不仅为员工提供了学习成长的目标，也为银行的长远发展培养了人才。

　　某商业银行为了应对日新月异的金融市场，特别设立了"零售银行学院"。学院提供从基础业务技能到高级管理培训的各层级课程，并与多家知名商学院合作，定期举办管理能力提升研讨会。银行鼓励员工获得相关职业资格证书，并为通过考核的员工提供奖学金和晋升机会。此举不仅激发了员工的学习动力，也为银行成功引进了现代银行管理方式，提高了客户服务的专业标准。

第八节 社会责任激发

在当前经济和社会发展的大背景下，履行社会责任不仅是商业银行对外展示其正面形象的手段，更是激发员工工作动力的重要途径。通过在经济、社会和环境三个维度履行社会责任，并结合金融科技的发展优势，银行可以在员工心中树立一种使命感，激发他们的自豪感和工作动力（如图4-8所示）。要达到这样的效果，银行必须不断创新社会责任实施方案，确保所有员工都参与其中，并且通过实际行动看到自己对社会的积极贡献。这样的实践不仅能提高银行的品牌价值和市场竞争力，还能吸引并留住更多富有热情和责任感的优秀员工。

图4-8 社会责任激发工作动力的四个方面

一、经济责任与工作动力

商业银行通过履行经济责任，可以提升员工的职业荣誉感和满意度。当银行注重提升自身的服务水平和产品质量时，员工不仅是服务提供者，同时也成为经济价值创造的直接参与者。为此，银行需要将经济责任的履行具体化，如设立客户满意度提升项目、改进产品研发流程并鼓励员工参与其中。

一家城市商业银行的员工小张，在参与研发一款便民金融产品的过程中，主动提出了一项创新建议，最终该产品上市获得成功，大大提高了小张对银行的归属感和工作动力。

二、社会责任与工作动力

商业银行的社会责任活动能促进员工团队合作精神和个人价值实现。银行可以组织员工参与社区服务活动或公益慈善项目，使员工在于社区和公众直接互动中感受到工作的社会价值。

某商业银行通过"绿色金融周"活动让员工走进社区宣导资金的绿色使用，不仅加深了员工对环保理念的认识，也加强了他们为社会做贡献的实感，进而增强了员工工作的意义和激情。

三、环境责任与工作动力

在推动环境责任方面，商业银行可以通过绿色办公、能源节约等内部活动，激励员工参与到保护环境的工作中。通过宣传和培训，银行可以让员工了解到，在工作及日常生活中实施符合可持续发展理念的行为对社会和环境所产生的积极影响。

某商业银行鼓励员工参与循环纸张使用计划，颁发"绿色使者"称号给在环保上做出特别贡献的员工，增强员工的环保意识，并通过这种方式使员工获得内心满足感。

四、金融科技与社会责任

随着金融科技的崛起，商业银行需要将这一新兴领域与社会责任紧密结合。通过智能分析大数据，银行可以更精准地识别并服务不同客户群体的需求。

某商业银行推出针对弱势群体的小额信贷服务。这样不仅激励了员工要不断掌握新技术，提升工作能力，同时也让员工明白，他们的工作对于促进金融普惠和社会进步具有重要意义。

第九节　工作动力激发机制的案例

在激烈的金融市场竞争中，提升员工动力和银行绩效是管理层面临的一项重大挑战。陈副行长作为某商业银行的关键管理人员，深知要驱动银行的长期发展，必须实施多维度的员工激励策略。

实施策略之前的银行存在一系列问题，如低效的绩效评分、较高的员工流失率、持续缩减的市场份额和欠佳的客户满意度等。具体数据显示，银行在重塑策略前平均绩效评分为 3.2 分（满分 5 分），年离职率 18%，市场份额每年下降约 2%，客户满意度 70%。

为了解决这些问题，陈副行长和他的团队制订和实施了以下策略：

1. 薪酬激发。陈副行长首先改革了原有的薪酬制度，引入了更具竞争力和市场感应度的薪酬机制。他推出了与个人业绩和团队贡献直接挂钩的奖金制度，以此提升员工的工作激情和业绩。

2. 晋升激发。他明确了晋升路径，并使晋升流程透明化，公开销售业绩排行榜，为有抱负的年轻员工提供升职机会。让所有员工都明白只要通过自己的努力，未来就有机会成为领导层的一员，以业绩为基础的晋升激发了员工的职业发展动力。

3. 创新激发。陈副行长非常注重创新能力的培养。他亲自监督并批准了一系列创新项目，如年轻团队开发的移动银行应用程序，并且通过提供额外的资源，如技术平台和必要的研发预算，支持团队从概念实现到市场推广，同时为有创新想法的项目提供资源和指导。

4. 授权激发。陈副行长理解到员工的独立性和自主权对于提升工作满意度的重要性，便逐步下放权力，允许资深员工在批准信贷限额和处理客户投诉时拥有更多的决策权，大幅减少了审批流程，提高他们的工作满意度。

5. 市场竞争激发。陈副行长定期组织市场竞争分析会议，邀请一线员工共同参与，通过分析竞争对手的动态，鼓励员工提出应对策略，并将优秀的策略应用到实际工作中。

6. 科技创新激发。陈副行长意识到科技是推动银行业务发展的关键，他特别推崇科技驱动的创新，并组织培训活动以提升员工的数字化技能。陈副行长还认识到了培养数字化素养对于未来银行业的重要性，着重投资于员工的持续教育，提供先进的科技工具和持续的教育培训，激发员工掌握新技术，提升数字化能力。

7. 团队建设激发。他鼓励跨部门的协作，通过举办团建活动，如户外拓展训练和志愿者服务活动，增强团队精神，提升团队凝聚力。

8. 社会责任激发。陈副行长还引导银行加强社会责任感，鼓励员工参与社会公益活动，例如开展"金融知识进校园"项目和"乡村振兴"贷款计划，让员工在服务社会的同时提升自我价值。

随后一系列的改革带来了显著的成效。一年之后，数据显示，银行的员工平均销售额增加了20%，平均绩效评分提升至4.0分，年离职率下降至10%，市场份额回升了1%，客户满意度提升至85%，员工对工作的满意度由70%提升至85%，内部操作成本降低了15%。

陈副行长的领导和创新管理策略不仅提升了员工的积极性和创造性，而且在提高服务质量、增强市场竞争力，以及培养潜在管理人才方面取得了巨大成功。

这个案例展现了通过坚定的领导力以及有效实施多维度激励策略，不仅能激发员工的工作动力，还能推动银行整体业绩的显著提升。

在分析陈副行长实施的激励改革案例时，我们可以看到他如何通过一个综合的动力激发机制有效地解决了银行目前存在的问题，提升了员工的积极性和银行整体的绩效。

首先，陈副行长的激励策略之所以成功，关键在于他能够识别并解决了银行在多个方面的根本问题。他不只是短视地提高薪酬，而是设计了一个全面的激励机制，包括薪酬、晋升、创新和多方面的认可与支持。

其次，特别值得注意的是，陈副行长如何巧妙地将各项策略相互关联，使它们能够共同作用，产生了良好的协同效应。例如，晋升和薪酬激励是直接关系到员工个人利益的，能够迅速提升员工的工作动力；而创新和授权的激励同样能够提升员工的职业满意度，激发他们的创造力和工作主动性；团队建设和科技创新激励有助于提高员工的团队协作精神和适应技术变革的能力。

再次，陈副行长非常注重数据和结果的跟踪。在实施改革一年后，他通过具体的数据来评估改革成效，包括员工销售额、绩效评分、离职率、市场份额和客户满意度的提升，这些数据都表明银行整体表现有了明显改善。特别是员工满意度的提高和内部操作成本的节约，直接反映出员工激励的效果和操作流程的优化。

最后，通过社会责任激励策略的实施，陈副行长还成功地传达了一种更高的企业价值观，这不仅提升了员工的自豪感和使命感，而且也提高了银行在社会公众中的形象和声誉。

综上所述，陈副行长的案例表明，一套多维度并且彼此加强的激励策略能够有效地激发员工动力，提升银行的业绩。而成功实施这些策略的关键是明确的目标定位、策略间的协调和对效果的持续监控与评估。此案例为其他银行提供了一个综合运用多种激励措施以激发员工动力、提升银行绩效的实践模板。

第二部分 商业银行
532模式之
凝聚机制

第五章

532 模式的凝聚力量

第一节　凝聚力量的理论基础

凝聚力量是指个体成员在共同信念、目标和价值观的基础上形成的紧密联结，这种力量能够驱动一个组织像一个整体一样运作。凝聚力量不仅是实现团体一致行动的内在黏合剂，也是推动组织走向成功的力量源泉。在组织行为学中，凝聚力被视为促进工作团队共同进步、共同面对挑战的重要因素。一个富有凝聚力的团队，其成员能共同分享成功的喜悦和失败的经验，共同协作解决问题，形成一种更强大的集体行动能力。

在商业银行的背景下，凝聚力量不仅仅意味着员工之间的团结，更深层次地代表了员工对银行文化的认同、对组织目标的共鸣及在工作上的互相支持和相互依赖，其理论基础主要分为以下几个部分（如图 5-1 所示）。

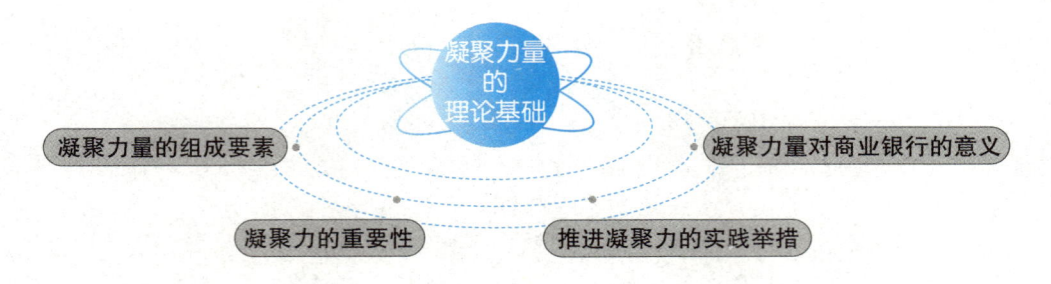

图 5-1　凝聚力量的理论基础的四个部分

一、凝聚力的重要性

在企业管理层面，凝聚力已经被证实是商业成功的关键要素之一。对于商业银行而言，凝聚力的核心价值不仅体现在提升团队的内部运作效率上，更广泛地影响着整个组织的稳定性和发展潜力。

凝聚力是推动团队实现快速响应的重要驱动力。在银行工作中，众多业务场景都需要团队成员间紧密合作，共同应对。强大的凝聚力能确保信息在团队成员间顺畅流通，意见可以迅速统一，使得问题解决和决策过程大大加速。这对于需要迅速处理大量复杂金融交易的银行尤为关键。

凝聚力对于人才的吸引和保留有着不可替代的作用。在竞争激烈的金融行业，优秀人才的流失会导致知识和经验的损失，影响银行业务的连续性。凝聚力强的团队会培养一种支持和尊重的文化，使员工感受到自己的工作被赋予了更深的意义和价值，这种归属感是员工忠诚度的重要来源。

在客户服务这一关键业务中，凝聚力的作用同样不容忽视。一方面，凝聚力能提升团队成员之间的协作水平，让客户服务流程更加顺畅高效；另一方面，凝聚力使团队更容易统一服务理念，确保每一位员工都能向客户提供一致的和专业的服务，树立银行的良好形象。研究发现，客户满意度与员工凝聚力之间存在正相关关系，员工越是感到紧密团结，向客户提供的服务质量通常越高。

二、凝聚力量的组成要素

凝聚力量在商业银行的有效运作中扮演着至关重要的角色，通过这种力量的培养和加强，银行可以形成一支无坚不摧的团队，高效、和谐地推动银行不断向前发展。凝聚力量由几个核心要素组成。

共同目标是凝聚力的灵魂，它为银行团队的每一个成员提供了清晰的工作指向和进步方向。共同目标的确立不仅需要高层的宣言，更要在日常工作中得到不断的重申和体现。例如，银行可以通过团队建设活动和工作研讨会让员工更深入地理解公司的长期愿景和短期目标，并探讨每个人如何为这些目标做出贡献。这样，员工不仅能明白自己工作的目的，还能意识到个人努力如何与团队和银行的成功紧密相关。

信任与尊重是团队凝聚力发展的坚实基石。在银行内部，这意味着上下级之间、同事之间要进行开放和诚挚的相互交流。为了营造这种氛围，银行可以设立定期的团队合作评估和反馈机制，鼓励员工之间相互认可和赞赏对方的工作。培养这种文化不仅可以疏解员工处理日常工作的压力，还能帮助团队成员在面对困难和挑战时展现出更强的团结和韧性。

有效沟通是团队运作的润滑剂，确保快速准确的信息流转是提高效率的关键。银行可以通过定期的团队会议、及时的项目进度更新和开放的讨论渠道，确保每个成员都能听到并理解团队的计划和动向。此外，建立有效的信息反馈途径也同样重要，它不仅可以帮助解决问题，而且可以增进团队成员之间的相互理解。

共同责任感则是凝聚力量的催化剂。团队中的每个人都需要有强烈的归属感和愿意为团队目标投入精力的热忱。为了增强这种感觉，商业银行可以设定明确的、可衡量的小组和个人目标，并通过表扬会、内部新闻宣传等手段定期表扬那些为团队目标成功做出巨大贡献的团体和个人。通过这种方式，银行不仅奖励了个人和团队的优异表现，同时加强了员工之间的合作和群体成就感。

三、凝聚力量对商业银行的意义

在竞争激烈且不断变化的金融行业中，凝聚力被视为银行成功的关键支柱，对银行的发展具有多方面的重大影响。

第一，凝聚力能极大提升银行工作团队的协作水平和整体效率。银行复杂的业务流程要求团队成员间有充分的协调与配合，只有当一个团队真正凝聚起来，才能顺畅地合作，减少工作中的时间损耗和资源浪费。

第二，强大的凝聚力对于人才的保留具有不可忽视的影响。在银行业中，经验丰富的员工是宝贵的资产。凝聚力确保员工在工作中得到成就感、归属感，因而能有效避免优秀人才流向竞争对手，减少招聘与培训新员工的额外投入。

第三，在银行发展新客户和维护现有客户时，凝聚力再次显现其价值。它不仅可以提升银行对外的服务质量，还能够增强银行在市场中的品牌力。例如，银行前台负责客户服务的员工如果能够充分感受到后台支持团队的协助，将在客户面前展示出更加自信的形象，从而赢得客户的信任和忠诚。

第四，凝聚力能促进银行内部的创新驱动。广泛的团队参与和跨部门合作可以有效激发员工的创意，形成互动和创新的氛围，这是促使银行能够不断进化并把握市场先机的根本保障。

在实际应用中，维护强劲的凝聚力还可以帮助银行在面临市场挑战时，展现出更强的韧性和适应性。全球金融危机时期，那些凝聚力较强的银行在危机中表现得更为稳固，能够迅速调整战略以适应外部变化。

总的来说，强大的凝聚力为商业银行的持续发展提供了坚实基础。银行需要深化这一理念，并创造条件让员工真正感到自己是集体的一部分，让他们确信自己的努力能够对银行的未来产生实质性的影响。通过激发这样的集体动力，银行能够以团队的协作和创新来巩固在激烈市场竞争中的领导地位。

四、推进凝聚力的实践举措

那么，商业银行如何将这些激励系统转化为可操作的凝聚力培养策略呢（如图 5-2 所示）？

第一，平衡团队与个人的成长。银行需要平衡团队目标与员工个人发展目标，确保个人目标的实现能够直接促进团队整体目标的达成。而员工个人成长的每一次进步，都应被认为是团队凝聚和力量增长的组成部分。

- A 平衡团队与个人的成长
- B 建立内部沟通与分享平台
- C 公正、透明的考核与奖励
- D 促进员工参与决策

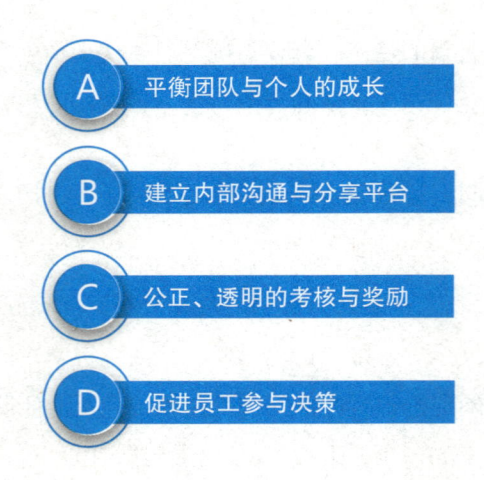

图 5-2 推进凝聚力的四个实践举措

第二，建立内部沟通与分享平台。鼓励员工在日常工作中互相学习，分享成功和失败的经验。例如，在一次沙龙讲座后，一位客户经理分享了他如何成功建立长期客户关系的经历，这不仅为其他同事提供了有价值的学习材料，也加强了团队的凝聚力。

第三，公正、透明的考核与奖励。银行应保证员工的工作绩效和贡献都能得到公正的评价，并通过事后的奖惩体现出来。例如，如果一组员工通过高效的团队合作完成了一个难度较高的项目，除了个别突出贡献者的奖励外，整个团队也应获得集体奖励，这样在强化凝聚力的同时，也能表明银行对团队成果的认可。

第四，促进员工参与决策。鼓励员工参与到日常的管理和决策中来，给予他们发表意见、参与改变的权力。员工参与到对于银行和客户都至关重要的决策中来，会感受到自己在银行中扮演着重要角色。这种参与感是凝聚力的重要来源。

第二节　532 模式与凝聚力量的关系

532 模式是一种创新的工作模式，用以描述和指导银行如何通过分配不同比例的资源和精力来强化其业务和管理。重述一下，在这个模式中，"5"代表银行将 50% 的资源和精力放在获客系统上，如通过异业联盟、沙龙讲座和熟客转介拓宽客户群；"3"意味着将 30% 的资源和精力投入运营系统中，主要聚焦于事前计划、事中检查及事后奖罚；"2"则强调联动系统占据 20% 的资源和精力投入，涵盖分组竞赛、对赌激励和快乐晨会等方法以增强团队凝聚力和提升工作态度。

在 532 模式中，凝聚力不仅仅是一个理念，凝聚力的形成与维护是一个系统性的工作，不仅需要来自银行高层的设计和推动，也需要每位员工的参与和奉献。凝聚力起到了至关重要的激励和连接作用，是运行 532 模式能否成功的关键因素。一个凝聚力强的团队能够更加高效地执行获客战略，更有条不紊地进行日常运营，并在竞赛和激励的激发下更好地完成目标。凝聚力量确保了从战略到执行各个层面的一致性和协同性，极大地提升了银行整体的运作效率和市场竞争力。

在获客系统中，凝聚力量的体现可以通过共同的客户服务愿景和团队目标实现，员工共同参与市场活动，如沙龙讲座，通过团队努力来吸引潜在客户，培养彼此之间的信任感和协同性。

在运营系统中，凝聚力量体现在员工对整体银行运营目标的共同承诺上。事前计划时，团队成员共同讨论确定行动方案，事中检查则鼓励团队内部监督，事后奖罚则反映了对团队整体努力的认可。

在联动系统中，凝聚力量表现在员工通过参与团队建设活动，如分组竞赛中，更加深入地了解同事，增强团队合作，同时在对赌激励和快乐晨会中积极分享个人见解和经验，促进团队成员之间的互动与情感联系的建立。

532模式不仅是一种运营和管理战略，它在本质上为银行提供了培养凝聚力的平台。银行通过该模式的每一个环节，都能够加强和释放员工之间的凝聚力，确保银行在激烈的市场竞争中保持一定的竞争力和活力。532模式将帮助商业银行在各个方面培育和增强凝聚力，从而激发员工的工作动力，并使得银行能够成为一个真正的整体。银行实践这些策略，让员工感受到自己的价值，感知到团队的力量，再辅以持续的关怀和合理的激励，可以有效地提升员工的满意度和工作热情，形成一个团结一致的、充满活力和动力的团队。

第三节　获客系统中的凝聚力量

获客系统是商业银行推动业务增长的关键环节，其成功不仅基于个人努力，同样需要强大的团队凝聚力。在532模式的框架下，获客系统的运行展示了团队内的凝聚力在不同渠道和活动中如何发挥作用（如图5-3所示）。

```
                    获客系统中的
                     凝聚力量
        ┌───────────────┼───────────────┐
  异业联盟：跨界合作    沙龙讲座：共同学习    熟客转介：个人绩效
   增强团队凝聚力       增强组织凝聚力       推动团队凝聚力
```

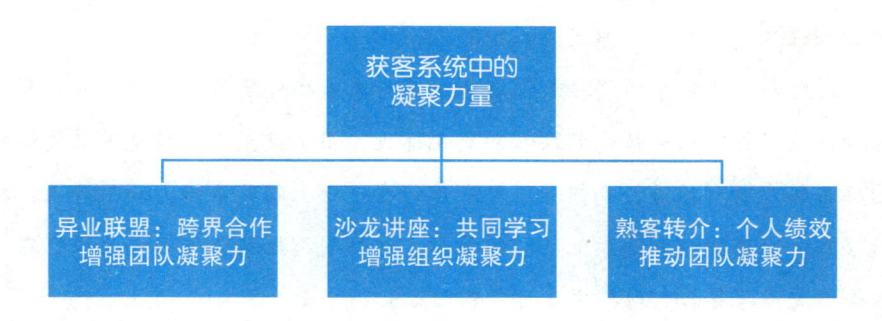

图5-3　获客系统中凝聚力量的三种形式

一、异业联盟：跨界合作增强团队凝聚力

在当今高度融合的商业生态中，异业联盟已成为商业银行策略创新的重要部分。跨行业合作不仅可以为银行带来新的客户群和营收增长点，更重要的是它能通过共同协作的过程，增强团队间的凝聚力和协作能力。从高层战略的布置到基层执行的精准操作，多个部门的协调和合作才能使得联盟战略得以顺利实施。

某商业银行看中了电子商务的巨大潜力，便同一家技术领先的电商平台展开了深度合作，共同推出了一系列结合电商消费场景的金融产品，如购物返现信用卡、分期付款服务等。这些产品的售出需要银行的多个部门协同工作：销售团队负责了解市场需求并与电商平台协商合作内容，风控部门依据电商用户数据分析信用风险，IT部门负责对接电商平台的每一个技术点，而市场部门则设计双方品牌的联合宣传策略。

通过这些团队的通力合作，新的金融产品成功吸引了电商平台的大量用户，同时转化成为银行的客户。在这个案例中，跨部门团队不但打破了传统业务的边界，相互间的沟通和协作也培养了团队精神。随着项目的共同推进，各个部门的团队成员跨越原有的职能界限，共同面对挑战和分摊压力，从而不断加强了团队间的内部联系和凝聚力。

成功和挑战带来的经验教训成为该银行未来战略决策的宝贵财富，并且深刻影响了银行内部情感的联结和文化建设。团队凝聚力的锻造不仅使得联盟项目得以顺利推进，也提升了整个银行在市场上的竞争能力和执行力，打造了更加紧密团结和高效能的组织结构。这种创造性的合作模式为银行在未来探索更多跨界合作时提供了可复制的经验。

二、沙龙讲座：共同学习增强组织凝聚力

沙龙讲座代表着商业银行培养学习型组织的愿景，通过鼓励员工在行业内外寻求和分享知识，不仅可以提高个人的专业水平，而且能够推动整个组织的创新和成长。在实践中，沙龙讲座已成为银行激励员工持续学习、提升自我、互相启发和交流想法的重要渠道。

为响应市场对新兴金融产品的需求，某商业银行在年轻客户群体中发现

了巨大潜力。为了更好地服务这一市场细分客户，银行定期举办专门面向年轻客户的服务策略沙龙讲座。这些讲座吸引了来自银行各个部门——包括策略规划部、产品开发组、市场营销团队及前台服务人员——的员工积极参与。在分享会上，大家探讨了从金融科技到社交媒体营销的一系列话题，以及如何将这些元素融入银行产品，最终共同打造出专门针对年轻群体的金融方案和服务流程。

这些沙龙讲座不仅更新了各部门成员对当前金融行业动态的认识，还加快了创新金融产品的推出过程。在这一过程中，参与者不仅获取了知识，也建立起了部门间的有效沟通桥梁，增强了团队成员之间的协作精神。通过共同学习的倡议，员工之间的联系不断加深，从而促进了团队整体的凝聚力和合作能力。

这一系列的沙龙讲座最终促成了一项面向年轻世代的金融服务新策略，它结合了先进科技与个性化金融规划，不仅得到了市场的热烈反响，还极大提升了银行在年轻消费者心中的形象和信誉。此外，团队因为参与创新项目的成功而备感自豪，他们所展现的合作与凝聚力成为银行企业文化的鲜活案例。通过沙龙讲座的举办，银行不仅提升了服务质量和员工能力，也铸就了一支能够适应市场变化、推动银行发展的精英团队。

三、熟客转介：个人绩效推动团队凝聚力

熟客转介是一种深植于商业银行员工日常交互中的高效获客策略，员工通过个人人际网络为银行引进新的客户资源，展现了个人的市场拓展能力和客户管理技巧。为了充分调动员工的积极性，许多银行设计了奖励机制，通过激励引导，鼓励员工积极参与转介活动，同时推动团队间的合作和共享成功。

某中型商业银行针对熟客转介构建了细分的奖励体系。该银行不仅给予直接转介成功的前线员工奖金和其他福利,也根据赢单团队的贡献度分配团队奖金。此外,该银行还定期举办内部转介分享会,邀请转介效率高的员工分享他们的经验和策略。这些分享不仅启发了其他员工,也提升了个人转介技能,同时促进了团队成员之间的知识交流和团结合作。

该银行更进一步实施行动,将团队以往季度的转介成绩和客户反馈作为团队内部竞赛的评价基础,设立了"最佳转介团队"奖项,用以表彰绩效优异的团队,提高团队之间的互动和竞争。通过这种方式,员工不仅为了个人利益而努力,同时也为团队的荣誉感奋斗。

通过实施这样的策略,银行成功地将熟客转介的个人绩效激励与团队凝聚力的培养结合起来。在这项策略的推动下,团队不仅在工作中互相支持,共同面对挑战,而且转介成果也获得了显著提升。银行的整体客户满意度和市场竞争力也因此得到了增强,真正实现了个人与团队、员工与银行的共赢情景。

第四节　运营系统中的凝聚力量

在商业银行的 532 模式中，运营系统作为银行内部流程和日常管理的核心，是加强团队凝聚力的关键领域。运营系统集中体现了组织的效率和团队的协作能力，其设计和实施直接关系到银行业务的顺畅和团队精神的培养（如图 5-4 所示）。

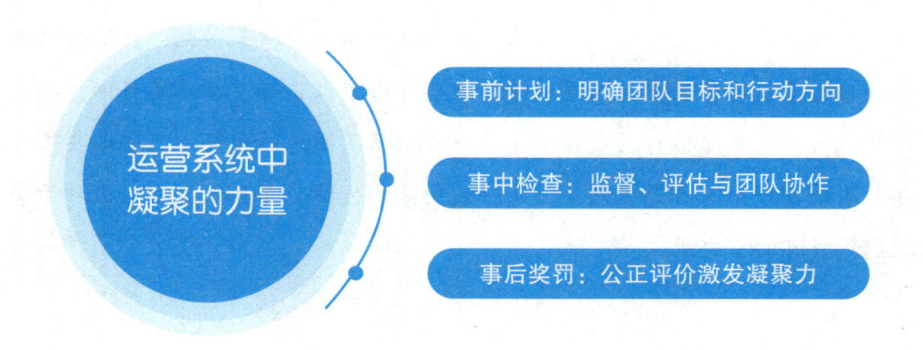

图 5-4　运营系统中凝聚力量的三种体现

一、事前计划：明确团队目标和行动方向

事前计划在管理学中被认为是企业运营管理的关键活动之一。它涉及目标设定、资源分配、风险评估及行动策略制订等多个方面。理论上，有效的事前计划能够提高项目成功率，增加团队行动的可预见性，减少不确定性带来的风险。

在商业银行的操作实践中，事前计划不仅关乎银行运营是否顺利，更可以强化团队成员之间的凝聚力。通过团队会议、研讨会等形式，项目负责人会引导成员讨论即将开展的工作或项目，将各自的看法、建议及可能的困难放在桌面上讨论。这样的协作过程使得每个人都能积极参与，并在设定目标时有所贡献，从而激发成员间的团队精神和共同承担责任的意识。

某商业银行的客服部门，从提升客户服务的目标出发，提出了现行流程中存在的痛点，IT 部门根据这些反馈提出了技术上的改进意见，营销部门则围绕如何通过改进服务增强客户忠诚度进行讨论。在这个过程中，不仅各部门之间的隔阂被打破，团队内部的沟通与合作也因为共同的任务目标得到增强。

最终，该银行成功推出了一系列改善客户体验的服务措施，包括缩短服务响应时间、优化客户反馈系统等。这些改进不仅获得了客户的好评，也让团队成员体验到了协作的成就感，进一步增强了团队的凝聚力。通过共同筹划和决策，每个人都感受到了团队一致向前的力量，并且认识到自己对于实现团队目标的重要性。

二、事中检查：监督、评估与团队协作

事中检查在项目管理领域扮演着重要角色。根据组织行为学原理，这不仅是一个项目监控阶段，更是培养团队合作精神和维护团队凝聚力的过程。实时监管可以确保项目按照预定计划顺利推进，并且可以及时发现和纠正偏差。

在商业银行运营中，事中检查的实施尤为关键。为了达到最高效的团队协作，银行通常会设立一个项目管理办公室（PMO），或者指定项目协调

人来负责监控进度，并确保每个关键里程碑达到预期标准。通过定期的项目进度回顾会议，团队成员能够汇报各自的工作状态，共享前进中遇到的难题和亮点，这样透明和开放的氛围能有效增强团队成员之间的信任感。

某中型商业银行的数字化转型项目团队定期举行跨部门协调会议，汇总各环节的进展情况并集中处理跨界问题。例如，面对与客户交互的前端系统升级问题，在事中检查过程中，前端和后端开发团队之间的有效沟通确保了系统平稳升级，同时，稳健的风险管理小组也为可能出现的技术问题提供了支持。通过这些活动，团队的协作能力得到显著提升，每位成员的努力都被视为重要贡献，加强了个人与团队的联结。

此外，为有效处理紧急情况，该银行还建立了快速响应机制，如某地方支行发现ATM机故障，当地的技术人员能够迅速响应，并由总部的支援团队提供技术咨询和资源调配。这些措施不仅确保了业务的连续性和客户服务的稳定性，而且在危机中锻炼出了银行团队应对突发事件的能力，进一步加强了团队成员间的协作与支持，提升了银行内部的凝聚力。通过在事中不断的检查和评估，团队能够一起面对挑战，共同庆祝每一点成就，从而在日常工作中逐渐培养出更强的团队协作精神。

三、事后奖罚：公正评价激发凝聚力

在达成项目目标或完成一项任务之后，公正和透明的评估不仅对于项目结果本身极为重要，而且对于维持和提升团队的凝聚力有着深远影响。事后的评价过程是用来确认团队是否达到既定目标的一个重要手段，依托于公平原则和业绩导向的理念，这一过程是对团队努力的最终认可。

公正评价体系中的正面激励能够提升员工的工作满意度和团队凝聚力。

商业银行通过建立一个基于绩效的奖罚体系，可以准确地测量和评价员工或团队的工作表现，给予优秀表现以正面的反馈和奖励，同时对于表现欠佳的情况给予客观而有建设性的指导。

在某商业银行实现贷款业务增长目标的项目中，一个团队通过他们出色的表现和努力增加了银行的贷款发放量，并提升了服务质量。为了认可团队的这一成就，该银行除了给予核心成员按照标准流程的奖金之外，还组织了一次全行的表彰大会，高度赞扬了团队的合作精神和卓越成绩。此外，银行还为参与项目的每位团队成员提供了职业发展的机会，如参加高级培训或者参与更具挑战性的未来项目。

这样细致入微的奖罚措施不仅认可了团队的努力，更进一步增强了员工对银行的认同感和团队的归属感。通过分享成功，员工之间建立了深厚的共事关系和全新的工作激情。同时，银行所倡导的表现优异者受奖励的理念，为整个组织营造了一个积极向上、鼓励创新和卓越表现的良好氛围，这自然而然提高了团队成员的凝聚力。这种以公正性和公平性为基础的评价体系，展现了银行对团队整体成绩的重视，进一步激发了每位员工为实现共同目标而贡献自己力量的决心。

第五节　联动系统中的凝聚力量

在商业银行的 532 模式中，联动系统扮演着维系和增强团队凝聚力的角色，通过引入日常的互动和凝聚措施，促进员工在工作中积极参与团队间的紧密合作（如图 5-5 所示）。

01 分组竞赛：促进团队凝聚和竞争协同

02 对赌凝聚：目标共享强化团队责任心

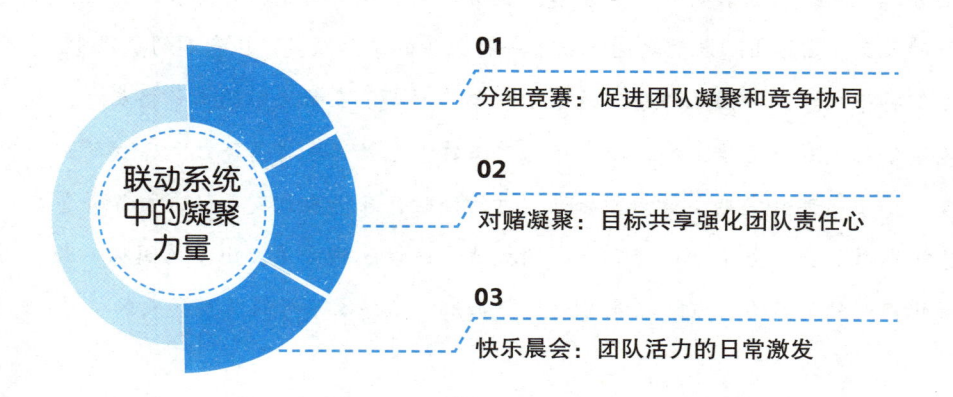

03 快乐晨会：团队活力的日常激发

图 5-5　联动系统中凝聚力量的三种形式

一、分组竞赛：促进团队凝聚和竞争协同

在商业银行强调团队协作精神的文化中，分组竞赛是培养凝聚力和共同目标追求的有效方法。此类活动不仅限于销售成绩的较量，还涵盖多方面的业务竞赛，如客户满意度提升、创新金融解决方案设计等。员工们在相互竞争的同时，更加注重团队中的合作和共赢。通过这种带有创造性的挑战，员

工间的相互支持和信任可以达到新的高度，从而培育出坚不可摧的团队凝聚力。

在具体实施过程中，如在一次销售目标竞赛中，银行会根据不同业务线和地区性市场的特点，分配合适的业绩指标给各个小组。竞赛期间，小组内部成员会定期汇聚，分享市场动态、策略调整和客户反馈。他们共同分析数据，开展头脑风暴，制订切实可行的行动方案，确保每一步都紧密相连，最终触及目标。

在某商业银行的一次产品销售竞赛中，客户经理小李所在的小组通过明晰分工、有效沟通和共享销售策略，成功完成了设定的竞赛目标并获得了银行的表彰。他的团队成员之间形成了一种独特的工作默契。在竞赛的氛围中，他们将个人才能和团队的整体效益相结合，形成了互帮互助的工作格局。他们不但在竞赛中力争上游，而且在日常工作中也始终保持着高效和密切的配合。小组内部会定期举行回顾会议，总结经验，表彰贡献突出的成员，并善于吸取教训、调整策略以应对未来的挑战。通过这种方式，小李的团队不断强化内部的凝聚力，最终在竞赛中脱颖而出，赢得了银行的认可和表彰。

由此可见，分组竞赛不仅是一个提升业绩的工具，更是一个锻造铁军、凝聚人心的平台，它使得每一个银行员工都能在激烈的市场竞争中，感受到团队的力量和温暖，并在这个过程中实现个人与团队价值的双赢。

二、对赌凝聚：目标共享强化团队责任心

在以绩效为导向的商业银行文化中，对赌凝聚战略展现出强大的力量。这一战略以目标共享为核心，强化团队内的责任心和凝聚力。对赌凝聚不仅仅是简单地设定共同目标，更关键的是它建立了一种团队成员间的互相扶持

和共担风险的伙伴关系。团队中的每一个个体都明白他们的努力对于整个团队来说是至关重要的，因为他们的利益是与团队成就绑定在一起的。

某商业银行决定将某一季度的客户满意度作为衡量团队表现的关键指标。在这样的任务驱动下，每位团队成员不再仅仅关注各自的工作列表，而是把个人的成功与集体的成功视为一体。销售人员、客户服务代表和后勤支持人员相互协助，形成了一个跨职能的合作网络。他们一起分析客户反馈，研究服务改进方法，共同参与内部培训，以确保每一位成员都具备实现团队目标所需要的知识和技能。

在追求卓越的过程中，每个人的个体贡献成为团队成功的重要组成部分。这种目标共享的机制让大家都有机会参与到整体战略的实现中来，从前台的接待柜员到决定策略的决策者，每个人的角色都受到了肯定和尊重。而最后完成目标时的共同庆祝不仅仅是对业绩胜利的庆祝，更是对团队紧密合作的最好证明。

由此可见，对赌凝聚在商业银行团队建设中发挥了极为重要的作用。它不是简单的激励策略，而是深入影响团队协作和共同成长的文化实践。通过这种方式，员工不断提升责任感和归属感，同时提高了团队的总体绩效。最终，这种凝聚力量塑造出一个团结一致、高效协作的团队，为银行带来更大的市场竞争优势。

三、快乐晨会：团队活力的日常激发

在商业银行的日常运营中，快乐晨会成为一个提升员工士气和强化团队凝聚力的秘密武器。每天的工作开始前，一场快乐晨会让员工在轻松愉快的氛围中激发新一天的活力。这不仅是一次简单的例会，更是一个凝聚团队力

量、共筑正能量的平台。

　　快乐晨会上，队员们彼此分享昨日的成功经验，相互表达对工作中面临的挑战的看法和解决思路。管理层同样可以赋予它更深的意义，把握这个机会及时发布重要信息，公开表扬优异的团队成员，并激励大家继续朝共同目标努力。在这种积极的互动中，每个人都有机会发表看法，每个想法都有可能成为创新的火花。

　　快乐晨会也可以被设计成一次团队建设活动。通过组织团队策略讨论、激发小组讨论等方式，员工们能够在不断的沟通与协商中，加深对银行文化的理解和认同，同时也能更清晰地认识到自身的角色和责任。在这样的晨会中，不仅仅是任务和数字的汇报，更有情感和激情的交汇，员工们的投入与热情得到了充分的激发。

　　某商业银行的晨会上设有一个"明星员工"的环节。在这一环节中，团队会庆祝一位员工在前一天或一周中取得的特殊成就，无论是服务上的创新，还是完成了艰巨的销售目标。这样的表彰不仅提升了被表彰者的自信心，也激发了其他员工效仿的欲望，进一步提升了团队内部的凝聚力和合作精神。

　　快乐晨会成了员工准备迎接一天工作挑战、团队凝聚共识和力量的每日公事。凭借着这一机制，银行成功地将日常的团队凝聚转化为业务推动的强大动力，进而在市场竞争中稳步前行。

第六节　B 银行的 532 转型

　　B 银行是一家拥有着悠久历史的地方性商业银行，曾经以稳健经营赢得客户的信任，成为业界的佼佼者。然而，随着市场环境的剧变和金融竞争的加剧，B 银行陷入了困境。业绩增长放缓，老客户流失，新客户难以获得，同时，员工之间缺乏凝聚力和合作精神，创新和服务模式亟待更新。B 银行的发展迫切地需要一场变革。

　　分行经理张明洞察了当前形势的严峻，他坚信，改进银行的运营模式并增强员工的团队精神是振兴银行的关键所在。在一次关键的战略会议上，他提出了引入 532 模式的议案，希望借此重整银行的竞争力，使其重新焕发光彩。

　　然而，推广 532 模式并非一帆风顺。张明遭遇到了来自一些保守派高管的阻力。副行长陈涛和资深客户经理王强坚持传统的运营方式，担心激进的变革可能会影响银行的稳定，尤其是在风险管理和传统业务上的布局。他们对这种新工作模式的可行性持有怀疑态度。

　　在运行获客系统时，张明提出与异业伙伴合作，并通过联盟和沙龙讲座来扩大客户基础。对此，陈涛提出反对意见，担心品牌形象可能会受损。张明非常耐心地解释，一个精心选择的合作伙伴将是增强银行业务多样性和市场竞争力的关键。

　　在运营系统的改进中，王强质疑事中监控和事后奖惩是否会影响到对客户服务的专注。张明进一步阐述，内部监控和奖惩制度旨在提升工作效率，能够更好地服务客户，并非削弱客户服务的重要性。

而在推行联动系统过程中，陈涛对于太极操和快乐晨会等活动的效用表示怀疑，认为它们可能会浪费本可用于市场分析上的宝贵时间。张明则自信地回应，这样的活动能够提升团队精神和员工士气，是增强团队凝聚力的重要举措。

在张明的不懈努力和各种措施的成效显现下，保守派的思想开始松动。随着业绩的逐渐好转，以及客户反馈的积极性和员工士气的提振，保守派的成员也开始接受和支持532模式。

几个月后，绩效明显改善。B银行的客户满意度和市场份额都有了显著的增长。员工之间更加团结，互相扶持，工作热情高涨，进一步证明了532模式的成功。银行从一片迷茫中找到了明确的方向，成为其他分行改革的典范和银行业内一次成功的革新案例。

在日益激烈的市场竞争中，银行业对创新的渴求日益迫切，而B银行的案例恰恰展示了在这一行业中如何通过532模式的变革实现业务提升和团队凝聚的双重优化。

B银行作为一家传统银行，面临着无法适应市场快速变化的窘境。客户流失、员工士气低迷、市场份额萎缩等问题成了B银行亟须解决的难题。这归根结底是因为银行在客户获取、运营效率及团队建设上的不足。

张明提出的532模式具有革命性意义，它重新分配了工作重点和资源配置。

"5"即50%的资源被投放到获客系统，包括异业联盟、沙龙讲座、客户转介等创新方式，这在变革中显示了对外部市场态度的转变，即从被动服务到积极获取。

"3"代表着银行30%的资源被投入运营系统中，如事前计划、事中检查、事后奖罚,这些改变意味着运营系统的工作流程、风险控制和激励机制得到了重要优化。因此,张明强化了内部的紧凑联系,确保了业务流程的高效运转。

"2"代表银行20%的资源被用于联动系统。张明借助团队建设活动,如分组竞赛、太极操和快乐晨会,调动20%的资源来加强团队的凝聚力,符合了现代企业管理中对员工幸福感和参与度的重视。

在实施532模式的过程中,保守派高管和资深员工的反对,凸显了变革中的不稳定因素。对此,张明采取了多方面的策略,如透明的沟通、改革的渐进、成功案例的展示,这些都是缓和内部矛盾、稳定变革动力的有力方式。

变革之后的B银行实现了业务的显著增长,客户满意度提升,内部凝聚力得到加强。银行员工变得更加主动、更加协同,工作效率和团队氛围都得到了明显改善。

通过532模式案例分析可以看出,正确的资源分配在变革中的重要性,强调了外部市场重要性的同时,也不能忽视内部团队精神的培育。同时,此案例也表明在推行重大变革时,组织内部的沟通和过程管理同样至关重要,领导层需要克服保守派的反对,通过展示短期成功赢得更广泛的支持。

532模式在B银行的成功实践,为银行业内的变革提供了有益的借鉴,它证明了即便在传统行业,通过科学的资源配置,结合市场需求和内部发展的平衡调整,也能促进组织实现质的飞跃。同时,它也强调了变革中领导者的决策智慧及团队协作的重要性,为其他寻求变革的银行指明了方向。

第六章

商业银行凝聚力的基础

第一节　共同的目标和愿景

商业银行作为金融服务领域的一类核心企业，它们有效运作的关键之一在于内部团队成员能否团结起来，朝着共同的目标和愿景努力。共同的目标和愿景主要体现于以下几个部分（如图 6-1 所示），这种凝聚力是商业银行成功运营和持续发展的基础。

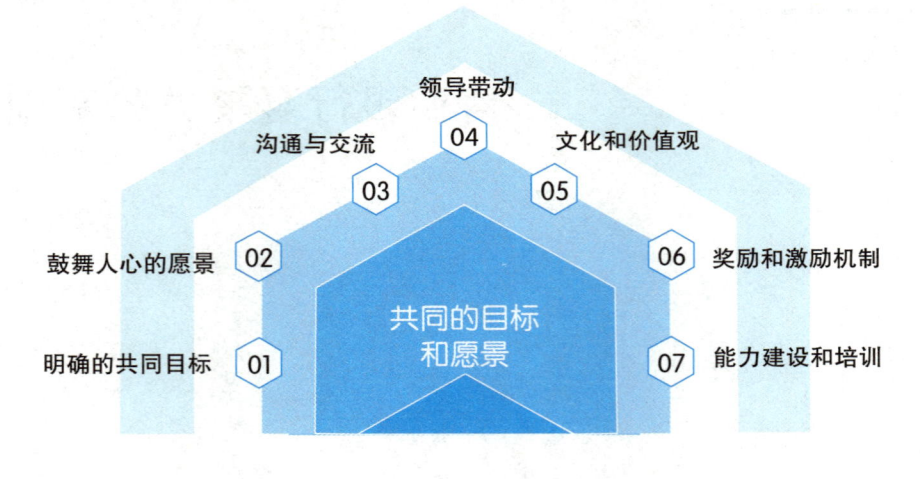

图 6-1　共同目标和愿景的七个体现

一、明确的共同目标

为了保持竞争优势并实现可持续发展，商业银行必须确立一系列明确的业务目标。这些目标包含但不限于增长利润、扩大市场份额、提高客户满意度、创新金融产品、优化风险管理及提高操作效率等方面。关键在于，这些目标需要清晰明确，且具有可衡量性，使得每一名银行员工都能够迎头追赶，确切地知晓他们的工作是如何影响整个银行在这些领域的表现的。员工若对这些目标有深入的理解，并认为它们对自己、银行，乃至客户都是至关重要的，他们的工作热情和团队合作将会大大提高，自然而然地朝着这些共同目标努力。

二、鼓舞人心的愿景

明确的业务目标需要由一个能够激发员工激情和献身精神的愿景来支撑。商业银行的愿景应当是振奋人心的，并能够清晰体现公司的价值观和长期发展蓝图。它可以是成为金融领域的创新引领者，致力于通过提供优质服务来满足客户多样化的需求，或者是致力于企业社会责任，推动经济和社会的共同进步。自上而下传递这样一个愿景，可以触动员工的内心，使他们感觉到自己是一个有影响力的组成部分，激发他们为实现这个愿景而投入更多的热情和创造力。

三、沟通与交流

开放且有效的沟通是管理层与员工建立共同目标和愿景的桥梁。银行应设法消除信息不对称，确保每位员工都能够及时接收到关键信息，并深刻理解这些信息与自己工作的相关性。管理层可以利用不同的交流平台，如内部新闻宣传、员工大会、团队会议或非正式的聚会，来加强消息的传递和交流。为了确保所有人都能够在对的时间得到正确的信息，银行还需要建立一种反馈和互动的机制，鼓励员工提出建议，表达对策略和执行计划的疑问或者想法。这种双向的沟通不仅仅能够帮助员工理解他们的作用和责任，还能够让他们感到银行管理层对他们的意见给予充分的重视，进一步增强员工的归属感和团队精神。

四、领导带动

在实现商业银行的目标和愿景的过程中，银行高层领导的作用至关重要。他们必须将目标和愿景内化为自身行动的指南，并且要通过自己的实际行为来树立标杆，作为员工的榜样。领导者的每一次决策、每一句话语和每一个举动都传递着信号，影响着下属的态度和行为。领导者的真诚承诺、对目标的坚定不移和对愿景的热忱可以深深打动员工，激发团队的热情和动力，从而形成一股推进银行发展的强大力量。

五、文化和价值观

银行的企业文化和核心价值观是银行精神的象征，它们必须与银行的战略目标和愿景紧密结合起来。优秀的企业文化能够塑造出影响员工行为和决策的环境，它以一系列核心价值观和规范为基础，为员工提供了一致的行为指导。这种文化鼓励员工展现出完整的责任感、彼此之间的尊重、协同合作和对卓越的不懈追求。一个健康的工作环境会促进员工的积极性，而高标准的职业道德规范确保银行在追求利益的同时，也能赢得社会的尊重和客户的信任。

六、奖励和激励机制

有效的奖励和激励机制是确保银行目标得以实现的重要支撑。通过将个人绩效目标与银行的整体目标相对接，可以确保员工与银行共同成长。对于那些业绩出色、表现卓越的员工，应当及时提供实质的认可，以奖励和示范的方式，如奖金、晋升、表彰等，来鼓励所有员工积极向上，共同为银行的成功贡献力量。

七、能力建设和培训

为了实现长远目标，商业银行应当对员工进行持续的能力建设和专业培训。这些培训项目应当旨在提升员工的专业技能、市场理解能力及创新和解决问题的能力。员工会感受到银行对他们职业发展的重视，理解银行如何为他们提供成长的舞台和发展的机会。当员工意识到自己的进步与银行的投资直接相关时，将增强他们对银行的忠诚度及对实现银行目标和愿景的认同与投入。

第二节　有效的沟通和信任

有效的沟通和信任对商业银行的凝聚力至关重要，它们既能提高员工的工作效率和满意度，也会为银行的稳定发展和市场竞争力的提升打下牢固基础。一家商业银行能够在竞争激烈的市场中成长和稳固自己的地位，很大程度上依赖于建立和维护有效的内部沟通与信任（如图6-2所示）。

图6-2　有效共同和信任的四个体现

一、开放和透明的沟通

在商业银行这种具有高度专业性和复杂性的职场环境中，开放和透明的沟通对于保持团队同步和提高决策质量至关重要。这种沟通方式鼓励信息的自由流通，确保每一位员工都能及时了解决策变化、业务进展及银行的整体战略方向。为此，管理层必须承诺对信息的公开透明，包括业绩数据、战略调整及任何可能影响员工日常工作的变更。

例如，当银行决定推广一项新的风险评估模型以优化贷款流程时，这项改变不仅会影响前台的信贷员工，还会涉及审计部门和合规团队。管理层可以通过举办全员大会，详细介绍新模型的设计理念、预期成效及引入的阶段性计划。此外，还可以通过内部网络平台发布详细的问答手册，解答员工可能的疑问，并通过固定频率的内部通信来更新实施进度，让员工随时掌握最新信息。

二、双向沟通机制

在商业银行的组织架构中，双向沟通机制扮演着构建高效团队的关键角色。这种机制不仅使员工能够直接向管理层提供反馈，表达工作中遇到的挑战和想法，还能确保管理层及时回应员工的关注点，营造一种信任和尊重的氛围。

例如，若某个银行部门的工作流程出现效率瓶颈，导致服务延迟或错误增多，员工可以通过设立的反馈渠道，如内部调查、反馈会议或在线反馈系统，向管理层提出问题。他们可以在此基础上提出具体的流程改进建议，如采用新的技术工具或调整团队配置。

管理层在受到这些反馈时，需要表现出高度的责任感与积极姿态，对每一个合理的意见予以充分考虑甚至采纳。这种积极回应，不仅能促使工作流程得以优化，提升整体工作效率，更重要的是，它可以极大地提高员工的工作积极性。员工感到自己的声音被倾听，他们的贡献被认可，这将强化员工对组织的归属感。这是银行培养开放文化和创新精神的重要一环。

三、实时沟通

现代银行业务的高速发展要求信息流动必须即时和无阻碍，尤其是在紧急情况发生时。实时沟通在帮助银行应对实时挑战，例如快速解决客户提出的问题、有效管理危机情况和迅速适应不断变化的市场动态方面，显示出其无可替代的作用。假设银行系统出现了技术故障，该情况需要立即上报至技术团队，并通报给客户服务部门，以便采取相应措施。这时，实时沟通机制可以协助各部门之间迅速共享关键信息，确保整个组织能协同作战，尽可能减少客户服务的中断时间。

此外，高效的实时沟通也有助于银行及时更新客户认知，比如通过在线服务公告、社交媒体、短信通知等渠道及时告知客户故障情况和预期的解决时间。这种透明和主动的沟通策略不仅有利于维护银行的品牌形象，还能提升客户对银行的信任和满意度。通过有效的实时沟通，银行能够信守其对客户的承诺，即在任何情况下都能提供可靠的支持和解决方案。

四、文化的建立和维护

商业银行的企业文化建设并非一蹴而就的，而是在日常工作中长期坚持和精心培养的结果。这种文化倡导开放性沟通、彼此尊重和容许犯错的心态，从而在员工中建立起基于信任的工作环境。

为了加速这种文化的形成，银行可以定期举办各种活动，如跨部门沟通工作坊、团队建设活动以及知识分享会议。通过组织这样的活动，员工有机会跳出日常工作的框架，参与交流和学习，从而跨越固有的部门隔阂，在不同职能间构建合作桥梁。在这样宽松而友好的环境下，员工更敢于表达自己的想法，分享个人经验，这不仅促进了知识的传承和创新，也加深了团队成员间的相互理解和信任感，加强了团队间的凝聚力。

第三节　公平公正的内部环境

公平与公正是塑造商业银行凝聚力的重要基础之一，因为只有在认为自己受到公正对待的环境中，员工才会投入工作中并努力为公司的目标做出贡献。确立一个公平公正的内部环境是长期且持续的过程，商业银行需要通过不断地改进和维护来确保这一环境的营造（如图 6-3 所示）。这种内部环境的营造能够促进员工之间的互相信任，提高工作满意度，进而增强整个银行的凝聚力。

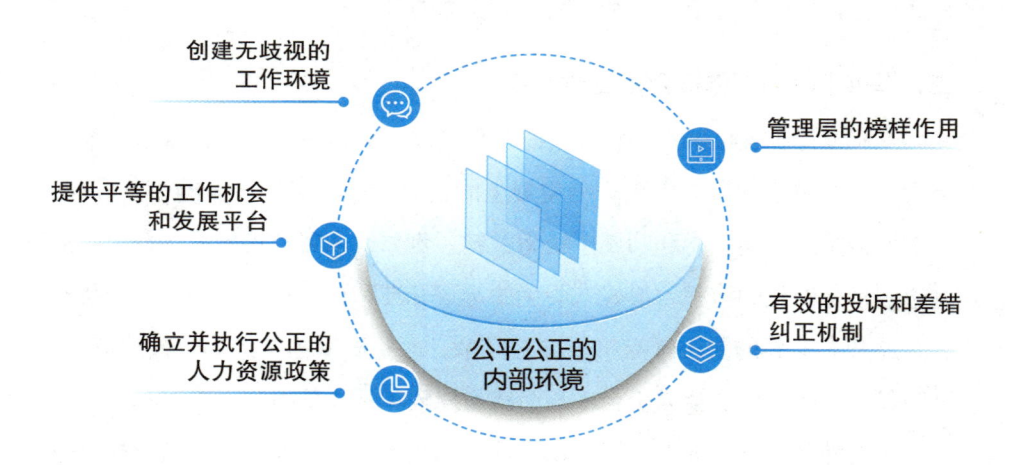

图 6-3　公平公正的内部环境的五个体现

一、确立并执行公正的人力资源政策

对于一家商业银行来说，实行公正、透明的人力资源政策对于维护员工的积极性和忠诚度至关重要。人力资源政策的确立和执行贯穿员工的招聘、培训、评估、奖惩及晋升等各个环节，应当明确地向所有员工公布，并严格执行以确保每个人都清楚自己的权利和职责。有透明而公正的晋升流程和薪酬体系，员工就能够看到自己的努力和成果被认可，这将大大提高他们的工作动力。

为了公正评估员工的业绩，银行可以引入基于绩效的评价体系，并以客观数据作为评价的依据。若是员工因为卓越的业绩而获得晋升或奖励，这种公平性就能够得到体现。相反，如果晋升和奖惩政策执行不公，或在决策过程中缺乏透明度，员工会对银行产生不信任感，这样不仅影响个人的工作表现，也可能损害团队的凝聚力。因此，确立并执行公平透明的人力资源政策，是商业银行巩固员工信任、维护团队凝聚力的基石。

二、提供平等的工作机会和发展平台

商业银行应该推崇平等和公正的工作环境，让每一位员工都基于他们的努力、能力及表现来获得工作与发展上的机会。确保工作机会的公正分配，对于增强员工的满意感和归属感极为关键。例如，项目负责人的选择应当通过透明且标准化的流程，最好有明确的选拔标准和公正的评审小组，让所有有意愿和有能力的员工都有机会参与竞争，而不应偏袒特定的个人或群体，以防优秀的团队成员会因机会不均而感到挫败和不被重视。

在这种体系下，选人、用人要注重实际业绩和潜在能力，任何形式的特权或关系网络都应该被排除在选拔过程之外。这不仅能够确保银行挑选到最合适的人选，更重要的是，通过这种制度，银行能传递给员工一个明确信号：在这里，每个人的努力都会得到公平的评价和回报。从长远看，这是营造一个积极向上、充满活力的工作环境的必要条件，也是留住人才、培养核心竞争力的智慧举措。

三、创建无歧视的工作环境

为了维护和增强团队的凝聚力，商业银行亟须营造一个无歧视的工作环境，确保每位员工不受到种族、性别、年龄或其他不合理因素的不公平对待。例如，某些业务项目的参与资格应当开放给所有具备相应能力和经验的员工，而不应该在性别等非业务相关因素的影响下做出决策。这样的歧视性做法不仅违背了现代社会关于平等的基本价值观，也严重破坏了员工对银行的信任和忠诚。

企业内部，每个职位和机会的竞争都应当建立在明确的业务需求和个人能力基础之上。管理层和人力资源部门需要通过设立坚实、全面的制度来保障每一项招募、晋升或任务分配都公正无私。同时，还需要提供培训和辅助资源，帮助员工克服各种形式的歧视和偏见，开展多元化和包容性教育。这是商业银行塑造开放、包容企业形象的重要举措，也是实现长期稳定发展的重要基础。在这样的环境中，员工不会担心因为非业绩因素而受到限制，从而更加自由地专注于个人的职业发展和对银行的贡献。

四、管理层的榜样作用

管理层的榜样作用是塑造企业文化和工作环境的关键。它需要成为日常业务的核心部分，而不仅仅是在特殊场合才强调。在银行的每个层级上，领导者的行为和决策都对员工的态度和工作表现具有深远影响。如果领导团队能够持续地在日常运营中展现对所有员工一视同仁的态度，这将极大地增强员工对于组织的信赖和归属感。公平公正的决策应该涵盖从日常工作分配到职业发展机会等各个方面，以此确保每位员工都觉得自己是组织的重要部分，他们的贡献会被认可并得到合理回报。在此基础上，员工的积极性和主动性将得到鼓励，团队协作将更加紧密有效，从而为银行的可持续发展奠定坚实基础。

五、有效的投诉和差错纠正机制

一个公平且透明的投诉和差错纠正机制，对于建立员工信任和保持高效运作至关重要。该机制不仅应当易于访问和使用，而且应当保证处理过程的质量和时效性。处理投诉的人员应当具备必要的独立性和中立性，确保每一位员工的声音都能被公正地听取和考虑到。此外，这一机制还应该包括一个透明的跟踪系统，员工可以通过这一系统追踪自己投诉问题的处理进度和结果。对于确实存在的问题，管理层需承诺并快速采取行动进行纠正，并将结果反馈给员工。这样的机制能够促进内部沟通，增加员工对管理决策的信任，同时也能作为改进管理的一种方式，持续提升银行内部管理的公平性和效率。通过这样的途径，银行能够有效预防和管理潜在的冲突，维护一个积极的职场环境。

第四节　员工参与感和归属感

参与感和归属感在商业银行凝聚力的形成中起着至关重要的作用。员工的参与感让他们更加投入日常工作和长期目标的实现，而归属感则使员工将自己视为公司大家庭的一部分，愿意为集体的成功而努力。一家具有强大凝聚力的商业银行能够鼓励员工积极参与决策过程，促进团队合作，提高工作满意度，降低员工流动率，并且最终带动公司的业务增长和创新（如图6-4所示）。

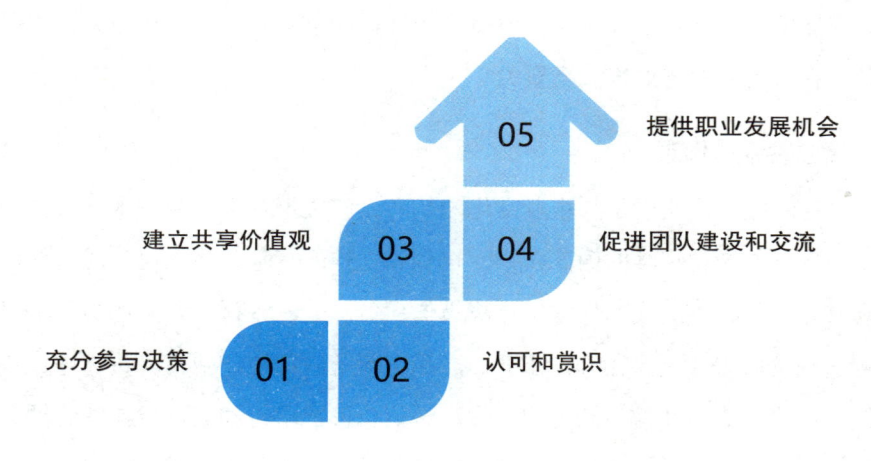

图6-4　让员工产生参与感和归属感的五个方法

一、充分参与决策

充分的员工参与是推动商业银行长远发展的关键因素。员工参与决策的过程，意味着银行管理层需对员工开放讨论的门户，营造一种包容的文化氛围，让员工在不同层级都有机会对决策发表见解。当银行准备扩展业务或优化流程时，员工作为直接执行者，他们对于客户需求和运营挑战有着深刻的理解。银行需要通过建立专门的意见反馈平台或定期的座谈会，确保一线员工的创意和建议能够被收集和评估。这不仅提供了原创性的业务策略，同时也让员工深感自己的工作与银行发展目标相连接，进而在促进银行创新和提高效率的同时，增强员工的自主性和责任心。

二、认可和赏识

在人力资源管理中，对员工的认同和赏识意义重大。这应通过银行的政策和文化不断加以弘扬。对于日常的业绩表现，及时的口头表彰能够提升员工的工作动力；对于超越期待的成果，则应给予更高层次的肯定，如年度表彰大会或财务奖励。这种系统性的赞赏和奖励体系可以对员工产生长期稳定的积极影响，促使他们深感个人价值得到银行的承认和尊重，从而大幅度提高员工在银行中的忠诚度和凝聚力。

三、建立共享价值观

银行的核心价值观是其企业文化的基石，应由上至下贯穿在银行工作的每一个部分。通过持续的内部营销、培训和榜样的示范，员工可以对这些价值观进行内化，使之成为日常工作决策的自然部分。银行需要确保员工不仅理解这些价值观，更要在客户服务、产品创新及内部协作中一以贯之地实践它们。这些价值观通常包括客户至上、诚信、追求卓越和团队合作，而拥有共同价值观的员工比起个体主义者更能形成强大的团队精神和归属感。

四、促进团队建设和交流

银行成功的另一要素是其团队之间的默契和协作。通过多样化的团队建设活动，员工之间的相互了解和信任感会得以提升。不仅如此，非正式的社交聚会同样重要，比如同事间的咖啡时刻、假日聚餐或者出游等活动，这都为员工提供了一个比工作场合更加私密和放松的环境，让他们有机会在非工作状态下展现个性，加深了解和友谊。这种从同事关系演变为友谊的过程，能显著提高员工之间的信任度和协同工作能力，对管理层而言，这是提高团队整合性和执行力的有效途径。

五、提供职业发展机会

银行的蓬勃发展离不开员工的成长。银行可以通过为员工规划清晰的职业路径，提供丰富的继续教育机会和挑战性任务，表明对员工职业发展的重视。员工见证了自己的技能进步和在组织中的晋升，就会将个人的职业目标与银行的发展紧密关联。向员工提供持续的学习机会，不仅能确保他们跟上行业发展的步伐，还能增强他们对未来发展的信心。职业发展机会的提供，是银行在人才竞争中脱颖而出的关键，也是增强员工归属感的有效手段。通过职业发展，员工明白了自己的贡献和努力能够得到嘉奖并为自己带来职业上的进步，这种持续激励的环境对团队的紧密度和向心力有着积极影响。

第五节　分行经理的团队凝聚案例

在某家大型商业银行的某个分行，新任分行经理小李接手时，面临着员工士气低落、业绩不佳和人才流失严重的挑战。小李清楚地认识到，要扭转局面，必须从形成强有力的团队凝聚力做起。

面对这些挑战，小李确定了一个目标：将客户满意度在一年内提高30%，同时提高业务处理效率。他通过一系列的会议与员工沟通这个目标，并强调了团队每个成员在实现这一共同目标中的重要性。然而，分行中有一个资深副经理小张，他对于小李的改革计划持怀疑态度。由于之前在晋升和奖励方面受到的不公正对待，小张心怀不满，进而暗中向其他同事表达了自己的负面见解，试图破坏小李的计划。

小李意识到要实现变革就不能让小张成为阻力，于是他采取了正面回应。他邀请小张吃饭，并耐心聆听他的担忧和建议。随后，小李将小张任命为一个新项目的负责人，赋予他足够的信任和责任，使他的贡献和才干得到了展示。

同时，小李推行了公平公正的人力资源政策，确立了透明的考核和晋升机制，强调绩效和贡献是个人发展的唯一标准。他开放了自己的办公室门户，鼓励员工提出建议和反馈，通过双向沟通建立了信任。

更进一步，小李致力于加强团队建设活动，增强员工之间的相互理解和信任。他还确定了一系列团队和个人目标，并对达成这些目标的员工予以公开的认可和奖励，从而唤起员工的参与感和归属感。

几个月后，这些措施效果显著。小张和其他员工一样，被小李的诚意所打动，逐渐投入共同目标的实现中。分行的气氛开始转变得积极向上，员工的工作满意度大幅提升，人才流失得到控制。客户满意度和业务效率的确如小李所愿显著改善，业绩逐步上升。小李不但成功防止了小张的负面影响，反而将其转变为一个积极贡献者，这极大增强了整个团队的凝聚力和协同工作能力，为银行带来了正面的变革。

在这个案例中，新任分行经理小李采取了一系列措施来解决团队士气低落、业绩不佳和人才流失等问题，并成功地增强了团队的凝聚力。

第一，确立共同的目标和愿景。

小李设置了明确的共同目标——一年内提高客户满意度30%和提高业务效率。这类目标可以为团队提供方向，使员工明白自己的工作对于实现这一愿景至关重要。共同目标是增强凝聚力的关键，因为它们提供了集体工作的动力。

第二，沟通并解决矛盾。

在遇到小张的抵抗时，小李选择了直接沟通，寻找解决问题的途径。他通过听取小张的担忧，并使其参与到新项目中来，让小张感受到自己的影响力和被重视。有效的沟通和解决内部矛盾对于建立信任和凝聚力至关重要。

第三，实施公平和透明的政策。

小李的公平公正的人力资源策略确保了所有员工都能够在一个平等的环境下工作。当员工见到晋升和回报是基于绩效的，他们会更加积极地对待工作，工作积极性会提高，从而加强团队凝聚力。

第四，增强员工的参与感和归属感。

小李鼓励员工参与决策过程并为达到目标做出贡献。通过团队建设活动和对达成目标的公开认可与奖励，员工的归属感被大大增强。这种归属感是凝聚力的重要组成部分，因为它能确保员工感到自己是一个成功团队的一部分。

第五，将潜在的破坏者转化为支持者。

小李通过赋予小张新项目负责人的角色，不仅消除了负面影响，而且成功地将一个可能的破坏者转变为积极贡献者。这种转变反映了他成熟的领导力，对增强整个团队的凝聚力极为关键。

通过这些策略的实施，小李所在分行的气氛和业绩都发生了积极的转变。员工士气得到提振，工作满意度增加，人才流失得到控制，而且业绩明显改善。这个案例清晰地展示了通过共同目标的设定、有效沟通、公平透明的管理和员工的全面参与，可以成功地构筑团队凝聚力，转变组织的氛围并实现其战略目标。

第七章

商业银行凝聚力的建设

第一节　培养良好的企业文化

良好的企业文化对于银行而言，不仅关乎品牌形象，更关乎内部的凝聚力。明确的价值观、领导的以身作则、公平透明的管理制度、开放的沟通环境，以及对个人成长的重视，共同构成了银行凝聚力的基础。通过这些元素的有机结合，商业银行可以创造出一个既具活力又充满团队协作精神的环境，有效提升员工的向心力，推动银行向更高目标发展（如图 7-1 所示）。在商业银行领域中，强大的内部凝聚力是实现长期成功和维持竞争优势的核心要素。良好的企业文化不仅会对外展现银行的品牌形象，对内也会促进员工的团结与协作，能打造一支高效和谐的团队。

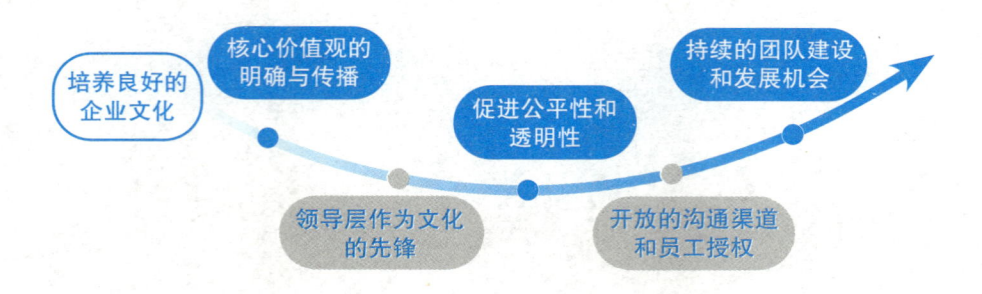

图 7-1　培养良好企业文化的五项措施

一、核心价值观的明确与传播

为了成功迎接日益复杂的商业挑战，银行需要确立并积极传播具有引导性的核心价值观。这些价值观将成为员工行为导向的灯塔，确保每个人在工作中应当表现出合适的行为和态度。银行确立如"客户至上""团队合作""专业诚信"等的价值观，创建一个团结、积极且能提高效率的工作环境，其中每位员工都能够对贡献和创新负起责任。

例如，银行可以组织专门的活动，强化员工对提供高质量客户服务的承诺，包括定期举办以客户服务为主题的工作坊和讨论会，确保员工在与客户互动时始终牢记"客户至上"的核心原则。内部的舆论也可以通过银行的内部网、杂志、邮件和定期大会等渠道来弘扬核心价值观，并以此塑造银行的公众形象。这样的文化塑造对于培养员工的归属感和自豪感至关重要，是形成固有企业精神的关键。

二、领导层作为文化的先锋

在企业文化的建构中，领导层扮演着举足轻重的角色。他们不仅是政策和方向的决定者，更是价值观传播的主要力量。领导团队应显示出一致性和决心，以身作则，挥舞文化的大旗，将其融入每项政策和实践中。领导层在某些程度上可以通过个人行为来定义企业的道德底线和业务准则。

领导层在处理重大项目时需要秉承透明和坦诚的原则，在团队决策过程中实行开放式的沟通模式。领导的诚信表现，如在遭遇不良贷款事件时坦率地与团队和公众沟通，不掩饰问题而是勇于承认并寻求解决办法，将大大增强员工对银行的信任与忠诚。这种领导行为的示范效应能快速扩散至全行，使价值观深植于每个员工的心中，从而营造一个公正、信任且团结一致的工作环境，提高团队的整体运作效率和凝聚力。在这样的文化引领下，银行能够吸引并留住拥有相似价值观的员工，共同为实现组织的宏伟目标而努力。

三、促进公平性和透明性

在商业银行这一以服务和绩效为导向的行业中，公平性与透明性是构建信任和团队凝聚力的关键要素。这不仅体现在明确的职责和期望上，也体现在银行对各类重要决策的处理上。例如，晋升流程的公开化，可以通过在银行内部公告候选人名单、选拔标准和评审流程等方式实现，保证每位员工在平等的条件下展现自己的才能与努力，而不是基于关系或偏见。

在薪酬结构和调整政策上，银行需要确保政策透明、标准一致，并对所有员工开放。通过定期的绩效评估和薪酬回顾，员工能清楚地知道自己的业绩与报酬之间的关系，增强公平感。例如，某银行实施了与市场相链接的薪资评审制度，通过绩效数据和薪酬市场调查来确定员工报酬，确保了内部薪酬的竞争性和公平性。

四、开放的沟通渠道和员工授权

通畅的沟通路径对于任何组织来说都至关重要。银行需要构建一套高效的沟通体系，允许员工在遇到挑战时能够顺畅地与管理层交流。开放的沟通渠道如建立内部社交平台，让员工能够自由地分享意见和反馈。此外，给予员工在他们工作领域的决策权能够加强他们的主人翁意识。例如，银行可以将日常工作中的一些决策下放给一线员工，比如关于客户服务流程的优化，或者某一项目的资源分配，员工能够直接对其进行管理和优化，从而增强他们的参与感和影响力。

五、持续的团队建设和发展机会

为了进一步增强员工之间的联系，银行应定期组织团队建设活动。这些活动不仅能增进员工之间的了解和互信，而且能帮助他们在工作中更好地协作。例如，通过组织有目的的团体活动，如角色扮演游戏或团队合作项目，银行能够促进员工共同解决问题，加深同事间的联系。

此外，提供及时的教育和发展资源，是银行鼓励员工不断进步的重要策略。职业发展课程、职业规划服务和定向培养计划等手段契合终身学习的理念，有助于员工提高个人技能，融入未来银行业务的发展。例如，银行可以每年为员工提供一定的培训津贴，以鼓励他们选择适合自己兴趣和职业发展需要的课程，这样的做法显示了银行对员工职业发展的支持和重视。这种持续性投资不仅展现了银行对于人才的重视，同时也强化了员工对银行的忠诚度和归属感。

第二节　强化员工关怀和激励

在商业银行，员工是最宝贵的资产，他们的满意度、忠诚度及对银行目标的承诺在很大程度上决定了银行的市场表现。因此，形成强大的内部凝聚力不仅需要一系列策略安排，还需要在日常实践中强化员工关怀和激励，从而提升员工的参与感和归属感。员工如果感到自己被关怀，会更愿意将自己的精力投入工作中，为银行的愿景和目标做出贡献，具体措施可以参考以下几项（如图7-2所示）。

强化员工关怀和激励 → 提供具有竞争力的福利和薪酬 → 建立公平的晋升通道 → 开展定期的员工认可活动 → 提供培训和发展机会 → 关注员工的个人健康和工作平衡

图7-2　强化员工关怀和激励的五项措施

一、提供具有竞争力的福利和薪酬

在商业行业这一人力资源密集型领域，提供具有竞争力的薪酬和福利体系对于吸引和保留优秀人才至关重要。商业银行通过对行业薪酬标准的精准把握、对员工个人发展的定期评估和对市场变动的灵活适应，可以确保其福利体系具有吸引力。例如，除了基础的薪资结构之外，银行可以提供包含了医疗保险、退休计划和假日安排等全面的福利计划。

此外，为了真正激发员工的潜能，银行还需要采用基于绩效的激励制度。这不仅仅包括关注年度业绩的奖金发放，还涉及项目完成奖励、客户服务评价奖励等多样化的激励方式。这样的细化管理策略，能确保每位员工都能根据自己在个别领域的具体贡献获得公平而及时的奖励。

例如，银行可以在员工晋升时，额外提供了一定比例的股权激励，这不仅对高绩效员工形成了物质上的吸引，还在心理上让他们感觉到自己是银行成长和成功的一部分，从而进一步提升了员工的忠诚度和公司的凝聚力。

二、建立公平的晋升通道

建立一个公正和透明的晋升机制对商业银行至关重要，它能够有效地激励员工，增强他们在职业道路上的积极性。通过提供明确的晋升路径，员工能够清晰地看到自己在银行内部成长的方向和机会，这会激发他们为达到下一个职业级别而努力工作。一个根据绩效明确晋升的制度可以确保每个人的努力和贡献都得到认可，从而增加员工对银行政策的信任和满意度。当员工见证自己或同事凭借优异的业绩获得晋升时，这种正面效果可以显著提高员工工作动力，密切员工与组织的关联。

三、开展定期的员工认可活动

银行可以通过定期的员工认可活动，如优秀员工奖、最佳团队奖、创新贡献奖等，为员工提供了一个卓越表现的展示平台。通过这些公正透明的评选标准，鼓励员工在技能、贡献与创新上不断挑战自己。例如，年度表彰大会中公布的优秀个人和团队不仅会在全行范围内得到认可，还会获得额外的奖金、假期或者未来职业发展的关注和支持。

此类活动具有传播正面能量、增强员工凝聚力的作用，能为银行塑造一种积极的企业文化氛围。同时，得到认可的员工成为其他员工学习的榜样，他们的成功故事和案例会在内部分享，激发整个组织内部的学习热情和创新活力。

某分行把"创新贡献奖"颁给了一个小组，因为这个小组设计了一个新的风险管理工具，有效地降低了银行的坏账率。此小组在分行及全行范围内得到了广泛认可，其成员因此得到了个人能力的提升、职业道路上的新机遇，乃至在全行内的名声提升。这种以表彰制度作为支柱的正向激励机制，不仅在银行内部产生了广泛影响，而且通过外部品牌形象的塑造，也增强了银行在行业中的竞争力。

四、提供培训和发展机会

商业银行通过为员工提供有针对性的培训和发展机会，不仅可以表明对员工个人成长的重视，更是进一步地投资于企业的未来。这种长期投入体现在多层面上：从基础金融知识的更新讲座到高级管理技能的研究生课程，银行应该为员工提供一条清晰的学习和成长轨迹。

银行可以实施一种结构化的培训项目，目的是提升员工的业务能力并促进领导技能的学习。这种项目可能包括在岗培训、在线课程、工作坊及外部讲师的特别演讲。更进一步，银行还可以与高等教育机构合作，为员工提供获取专业证书或学位的机会。例如，银行可以与本地大学结成伙伴关系，共同设计一个周期为一年的高管培训项目，使得员工能够在工作之余深度学习业务知识，增强自身竞争力。

这些培训和发展机会不仅能帮助员工适应行业变革，提高自身职业价值，还能鼓励他们对工作保持新鲜感和动力，更有益于银行拓展新的业务渠道和提升服务水平。

五、关注员工的个人健康和工作平衡

在快速变化的商业环境中，员工的健康和工作生活平衡对于银行来说变得尤为重要。关注员工福祉的措施不仅能够提高员工满意度与忠诚度，还能增强整个企业的竞争力。灵活的工作安排给予了员工调整工作和私生活之间平衡的空间，也反映出银行对员工个体差异和需求的尊重。

远程办公的选择在当今尤为重要，特别是在连续的工作压力与激烈竞争的环境下，员工渴望获得更多灵活性。同时，充足的假期和健全的福利政策，如健康检查、健身房会员等，都是对员工的间接投资，它们有助于减少工作中的压力、促进身心健康，从而为银行带来更加稳定和健康的工作力量。

某银行通过组织"员工关怀周"等活动，加大了对员工福祉的投入。在该周内，员工不仅可以享受各种健康和福利服务，还可以参与有关职业发展和个人关怀的各种讲座和讨论。这种措施让员工感受到自己的价值不仅在工作成果上受到认可，在个人幸福感上也同样得到银行的重视。这种多维度的关怀策略，为银行建立了坚实的员工忠诚度基础，也为银行打造了作为"员工最理想工作地点"的品牌形象。通过这些措施，银行不仅提升了员工的幸福感，也在潜移默化中提升了员工的工作效率和团队合作，为银行的发展注入了可持续的活力。

第三节 提升团队合作和协调性

在商业银行中,提升团队的合作和协调性是形成强固凝聚力的关键因素。一个团队如果能够在共同的目标和使命感的驱动下同心协力,那么它将更有可能实现卓越的业绩。银行可以通过提升团队合作和协调性来增进员工之间的相互理解、信任和尊重,这样不仅能够促进知识和技能的交流,而且能够激发团队成员之间更高效的工作合作关系。为了完成这一目标,可以采取如下几个具体措施(如图7-3所示)。

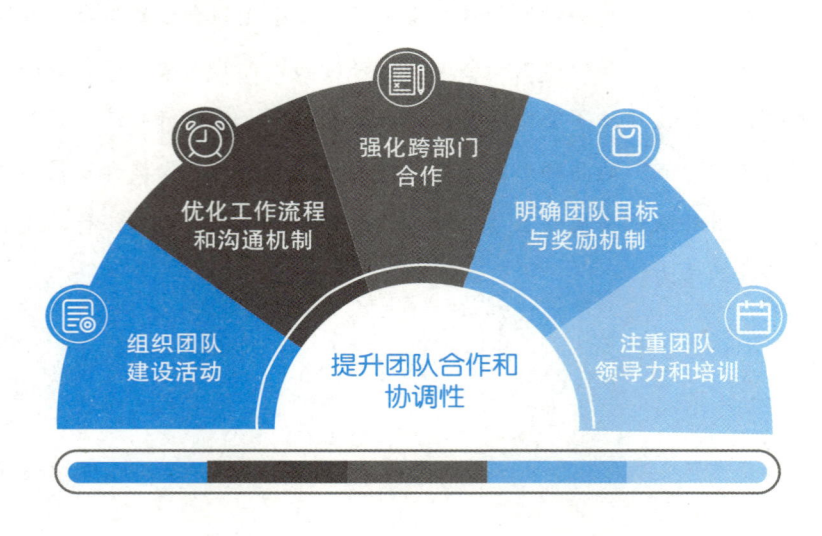

图7-3 提升团队合作和协调性的五项措施

一、组织团队建设活动

组织定期的团队建设活动能够强化员工间的联系。活动的内容可以既有趣味性，也与工作内容紧密相关，如案例分析、角色扮演及团队挑战任务等。通过共享挑战和成就，员工之间的信任和相互理解得以增强，团队成员在完成任务的过程中也能更好地认识彼此的优势和工作风格。这种认识有助于完善工作分配，优化团队合作模式，从而提高整体工作效率和团队效能。

某银行组织了一次团队建设活动，旨在通过一系列团队协作游戏来增强员工间的配合。这些游戏需要团队成员密切合作，才能一起成功解决问题或完成任务。在这个过程中，员工不仅能够在轻松的环境中培养团队精神，还可以学会理解和尊重团队内每个人的贡献。通过这种活动，银行能够促进员工之间的社交互动，加深彼此之间的理解，从而培育出更加团结和高效的工作团队。

二、优化工作流程和沟通机制

工作团队的高效率依赖于明确和顺畅的工作流程及良好的沟通环境。银行可以通过对工作流程的持续优化和沟通渠道的强化，确保团队成员间能够顺畅地交流信息，并有效地配合工作。例如，通过采用项目管理软件，银行可以实现任务的透明分配和进度跟踪，让每位团队成员都能清楚地了解自己和同事的职责范围，及时调整自己的工作重点。

此外，开放式的沟通策略激励员工在工作中主动发声，分享观点和提供反馈。这可能包括采取直接的方式，如开设"声音箱"，员工可以匿名提出建议和意见，或定期进行"开放日"，员工可以直接与管理层交流。通过这些方法，银行能够挖掘更多创意和解决方案，增强每个人对团队目标的投入和共鸣。通过这些不断优化的机制，银行能够创建一个快速响应的工作环境，有助于团队的快速迭代和持续改进。这种优化工作流程和沟通渠道的举措，不仅提高了工作效率，还为员工提供了更多展示自己的平台，从而增强了团队内部的和谐与协作性。

三、强化跨部门合作

银行业务的复杂性要求不同部门之间必须有着无缝的合作与交流。强化跨部门合作不仅有助于促进内部资源的高效利用，还能够提高对客户需求的响应速度和服务质量。为了实现这一目标，银行可以采用多种策略来促进跨部门之间的沟通和协作。

例如，银行可以通过举办定期的"部门开放日"活动，邀请不同部门的成员参观对方工作场所，分享各自在项目中的角色和责任，进而了解同事们面对的工作挑战和需求。

银行还可以定期举办跨部门研讨会，或者创建一个虚拟的协作平台，如企业社交网络，鼓励员工在上面分享见解、讨论问题，并一起发现创新的工作方法。此外，通过创建专项小组来着手解决银行面临的具体挑战和项目，可以集聚来自不同背景和不同专业领域的员工，这些团队的多样化观点和专业知识将为项目带来更加全面和创造性的解决方案。

某银行成功组建了一个小组，该小组由信贷、风险管理和客户服务部门的成员组成，共同开发出一套新的信贷产品。由于团队成员彼此了解对方的工作流程和需求，项目不仅快速推进，而且质量得到了保证。通过跨部门小组的有效协作，银行成功地提出了创新产品，不仅提升了市场竞争力，还示范了各部门间合作的重要性。

四、明确团队目标与奖励机制

明确的团队目标和激励机制是驱动团队协作和集体努力的重要手段。设定团队目标时，银行需要确保这些目标既具有挑战性，也是可实现的，并且与银行的整体策略和年度目标保持一致。此外，团队目标应当是有衡量标准的，以便团队绩效能够被有效地追踪和评估。

奖励机制是激发员工积极性的关键措施，一个好的奖励计划能够显著提升员工的工作投入感。例如，银行可以实施一套分阶段的团队奖励制度，对于完成每个阶段目标的团队，及时给予奖金、额外休假日或其他福利。这种按阶段的奖励能够帮助员工保持持续的工作动力和对最终目标的关注。

同时，银行也可以考虑非物质激励，例如为杰出团队颁发荣誉证书、举办庆功宴会，或者提供个人发展机会，如参与高级管理培训。这样的奖励计划能够促使整个团队发挥集体智慧，共同为实现银行的业务目标而努力。

五、注重团队领导力和培训

团队领导者是激励团队成员、塑造团队文化、引领团队重整旗鼓的关键战略人员。他们在维持和提升团队合作精神、构建健康工作环境及推动团队迈向卓越的过程中，扮演着不可或缺的角色。因此，对于团队领导者的专业培养不能掉以轻心。银行必须为他们安排成熟细致的领导力发展课程，这些课程应该在教导领导者如何有效地激发团队潜能、处理团队内部的紧张关系和激烈冲突，以及统一思想并引导团队朝共同的商业目标稳步前进等方面有所侧重。

优秀的领导力培训将涵盖多个层面，包括战略思维、沟通技巧、决策制订、团队动力学理解、变革管理等。这样的综合性提升不仅让领导者掌握了领导艺术的核心技巧，同时，还将为整个团队带来积极影响。统一、敏锐且高效的领导能量，不仅能提高团队内的信任，还能提升团队的整体执行力、协作效率和创新水平。

　　领导力的提升将直接转化为团队的绩效提升。强有力的领导能够因时制宜，根据团队成员的个性和团队的特定需求，制订出合适的激励方案和工作策略。这是确保团队能持续高效运转、并在激烈的市场竞争中保持领先地位的基石。因此，银行需要严肃对待领导力的培训与发展，将其视为提升组织竞争力、保障长远成功的重要投资。

第四节　通过培训和教育增强团队能力

商业银行的凝聚力不仅取决于员工之间的相互关系和沟通，还在很大程度上受到团队整体能力的影响。通过有针对性的培训和教育，银行可以显著提高团队的技能和知识水平，从而增强团队处理复杂业务的能力和适应市场变化的灵活性（如图7-4所示）。教育和培训带来的另一个重要好处是提升员工的个人职业素养，进而增强其对银行的忠诚和归属感。

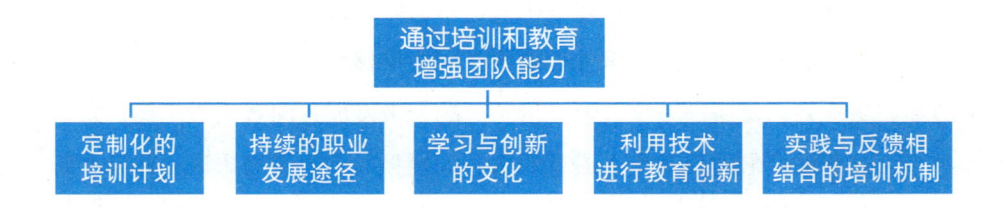

图7-4　通过培训和教育增强团队能力的五项措施

一、定制化的培训计划

考虑到不同团队面临的挑战和需求各异，商业银行应为其团队领导者提供定制化的培训计划。这要求银行进行综合的需求评估，包括个人职业发展的需求、团队当前的状况、行业趋势以及未来的战略目标。在这些广泛的数据分析基础上，银行可以规划出一整套适合不同层级领导者的培训课程和发展计划，以此来最大化他们在领导岗位上的成效。

例如，银行的一个客户服务团队在顾客投诉处理方面需求改进，那么为这个团队的领导安排针对性的冲突解决与情绪智慧的培训将极为有益。培训过程中，通过角色扮演、情景模拟等互动环节能够加深领导对于理论的理解，增强现实工作场景中的应用能力。成功完成培训后的领导者将能更加熟练地引导团队以积极的态度处理顾客投诉，保持高水平的服务质量，同时也能教育和鼓舞团队成员更好地处理类似挑战。

二、持续的职业发展途径

一个成功的商业银行需要认识到，员工是其最宝贵的资产之一，而持续的职业发展机会是维护这一资产的关键。从新员工入职的那一刻起，银行应该就为其设计一条清晰的职业发展路径，这条路径应涵盖从基本的岗位技能培训到针对专业领域的深化教育，直至更为高阶的领导力塑造。银行在员工的职业生涯规划中确立这样的发展机会，不仅助力员工在工作初期就能快速融入团队、高效工作，更确保他们随着时间的推移和银行业的发展不断提升技能，更新知识储备。一个清晰、可预见的未来发展方向对于员工而言意义重大，这帮助他们建立对个人成就的信心，增强对于组织的忠诚，并且不断促进他们长期投入的意愿。

三、学习与创新的文化

银行的领导层还需不遗余力地构建和弘扬一种积极向上、鼓励学习与创新的企业文化。在这样的文化环境中，员工应意识到自己的个人发展与银行的整体成长是紧密相连、互利共赢的。要实现这一目的，银行可以通过一系列制度上的激励措施加以落实。

例如，银行可以为那些完成了特定培训课程的员工颁发进修证书或提供奖金激励；或者开展定期的创意竞赛，鼓励员工提出能够增进工作效率和改进客户体验的创新方案。鼓励员工不断学习新知识、新技能的同时，银行也应倡导一种敢于提出并实验新观点、新方法的开放心态。营造如此的工作环境，员工们更有可能积极主动地吸收新信息、自主研发解决方案和优化工作流程，最终推动银行在激烈的行业竞争中保持领先地位。

四、利用技术进行教育创新

在当今这个科技日新月异的时代，传统的教育模式已经不能完全满足现代商业银行对于员工培训的高效性和灵活性的需求。因此，银行正在越来越多地借助先进的技术手段，如在线学习平台、虚拟现实模拟和远程视频研讨会等，来进行教育创新。这些方法不仅为员工节省了参与传统教室培训的时间和成本，还能随时随地地为员工提供量身定制的学习计划和丰富的学习资料。通过技术，员工可以在工作间隙利用碎片时间进行学习，或在家中安静的环境下深入钻研专业知识，完全按照自己的工作安排和个人节奏制订学习计划。这种学习方式的灵活性和个性化定制能显著增强学习的针对性和有效性，使员工能更加积极主动地参与其中，从而提升学习效果和投入度。

五、实践与反馈相结合的培训机制

无论对于新手还是资深员工而言，将理论与实践相结合的学习方法均被证实是最为高效的。商业银行在设计培训机制时，应当结合实践环节，创造机会让员工将所学的理论知识应用于现实工作中，并能对其执行情况做出即时的调整和反思。模拟练习、项目驱动的实务操作或是有针对性的案例研讨课程，都能使员工在真实相似的工作环境中尝试运用新学习的技能，这不仅有助于提升学习内容的吸收和理解，而且能在实践中锤炼和提升员工的实际操作能力。另外，实施导师制或规律的性能评估可以为员工提供持续的专业指导和客观的反馈，帮助他们明确自己的长处和短板，加强自信心，同时也为他们的持续进步指明方向。通过这样的双管齐下的培训机制，员工不仅能够获得实质性的技能提升，还能从中学会自我评估和自我反馈，进一步加深其对专业领域的理解和掌握。

第五节　构建凝聚力带来团队蜕变

在竞争激烈的金融市场中，某商业银行面临业绩停滞、团队士气低落的困境。要想打破现状并推进可持续发展，改革势在必行。银行行长决定从培养积极的企业文化和提升团队合作为切入点，进行一系列的改革。这一变革之旅，集中反映在积极改革的中层经理小张与保守顽固的资深员工小钱之间的冲突与蜕变中。

首先，小张作为部门的中层管理人员，深感企业文化的重塑对于银行发展的重要性。他组织了一系列的员工讨论会，引导团队成员就如何应对市场挑战、培养以团队利益为先导的文化进行深入探讨。然而，这种变革并非一帆风顺。资深员工小钱对此改变持怀疑态度，他认为个人能力才是最重要的，团队文化的提升在他看来不过是"假大空"的理念，无助于业绩的提升。

小张并未因此气馁。接下来，他推出了一套员工关怀和激励体系，致力于将个人职业发展规划与团队建设相结合。他安排团队内部分享会，鼓励成员追求自我提升，工作之余提高个人能力。而小钱依旧抗拒新的变化，他只关心个人的业绩奖金，对团队的协作与发展漠不关心。

此外，小张明白有效的团队合作是提升业绩的关键。他组织了多元化的团队建设活动，以打破部门间的壁垒，强化团队合作精神。从户外拓展训练到分组头脑风暴，小张不遗余力地促进团队协作。小钱开始表现出不满，对团队活动敷衍了事，甚至公然缺席。

再者，小张推广了全新的员工培训计划。他相信，强化团队成员的专业能力和团队协作能力对业绩增长至关重要。尽管遭遇小钱的公开质疑和冷漠态度，小张依旧坚持为团队的长远发展提供持续的能力支持。

经过一段时间的耐心引导和示范，小张的努力最终得到了回报。生动的案例分享和实用性强的技能培训逐渐打开了团队成员，包括小钱在内的心扉。团队中的氛围开始转变，成员们开始更加积极地参与团队合作中，彼此之间的信任与协同工作的意识不断加强。小钱见证了团队合作带来的变化，业绩的显著提升也逐步改变了他的态度。最终，小钱也主动融入团队中，收获了个人成长和团队认可的双重喜悦。

该案例通过小张与小钱的故事描绘了商业银行是如何逐步建立团队凝聚力，实现长远发展的。分析这一过程，我们可以从多个维度理解其成功之处及面临的挑战。

最初，小张深知业绩增长与团队合作的密切关系，认识到企业文化在驱动银行长期发展中的核心作用。针对传统运营模式下效率低下和团队士气问题，他采取了一系列改革措施：举办员工讨论会，引导团队积极思考如何应对市场挑战；开展团队建设活动，以增强成员间的协作精神；制订员工培训计划，提升团队专业能力。这些措施体现了系统性的改变，不仅仅是修补小规模的问题，而是旨在从根本上改善工作流程和提升员工激励。

然而，在实施变革的过程中，小张遭遇了保守顽固的员工小钱的抵触。小钱的保守表现在他个人能力至上的信念及对团队文化提升的怀疑上。这一矛盾体现了变革过程中领导与员工间可能产生的冲突，这类冲突对改革的实施和团队的整体效能产生了负面影响。

尽管遭遇挑战，小张没有退缩，而是通过示范和耐心，最终改变了小钱。这一转变揭示了领导在团队建设中的作用与影响力，以及恰当的沟通和引导策略对于改变团队成员态度的重要性。小张的坚持不懈和一贯鼓励，以及对困境和不同意见的充分尊重和理解，显示了其卓越的领导力。

最后，通过小张与小钱的故事，可以看出，构建团队凝聚力是一个渐进的过程，需要领导者持续的努力和员工的参与，在这个过程中，每位团队成员的转变都至关重要。小钱态度的最终转变，不但对团队士气有了积极影响，他自己也获得了个人成长与团队认可，显示了凝聚力建设的双赢结果。

综上所述，效果显著的改革策略、有效的领导沟通与示范及对员工个人发展的重视，共同推动了整个团队向着更高的目标发展，最终实现了业绩的提升和团队凝聚力的加强。这个案例向其他组织提供了宝贵的经验，突显了在金融市场竞争中，企业文化建设和团队合作的重要性。

第八章

商业银行凝聚力的表现

第一节　高效率和高质量的金融服务

商业银行凝聚力的提升直接影响到其核心竞争力——高效率和高质量的金融服务。凝聚力强的银行能更好地发挥团队协作精神，提升工作效率，同时提供更为精准的客户导向服务。强有力的内部凝聚可以使员工拥有共同的目标和使命感，从而确保银行在快速变化的市场环境下保持竞争力，具体可以参考以下几个方法（如图8-1所示）。

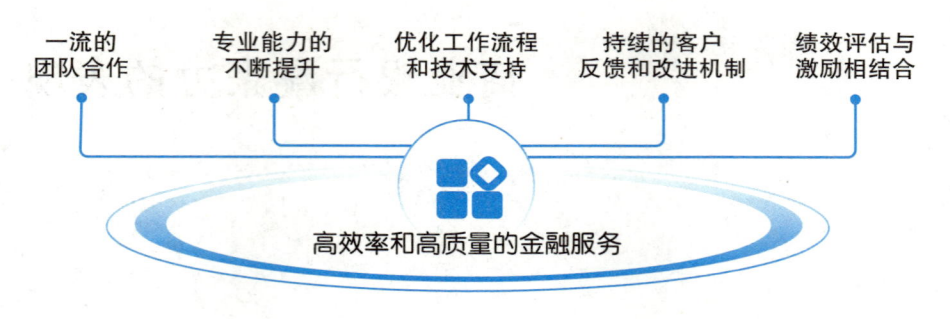

图8-1　实现高效率和高质量的金融服务的五个方法

一、一流的团队合作

为了提供高效率的金融服务，商业银行需依赖于一流的团队合作。这意味着，银行必须保证团队成员能在互相尊重和信任的基础上，协调他们的行动和沟通。那些了解彼此强项、认识到各自角色与职责的团队，将更加迅速有效地处理银行交易和客户咨询。为了进一步强化这种协作精神，银行应定期组织成系列的团队建设活动和合作培训课程,这些活动应该覆盖团队沟通、冲突解决及共同目标设定等关键领域。通过这样的努力,银行可以在减少项目执行时间和提高工作效率的同时,增加交叉销售的机会,从而更全面、更高效地满足客户的多元化金融需求。银行的终极目标就是为顾客提供无缝的、高质量的全套金融解决方案,并在竞争激烈的市场中保持领先地位。

二、专业能力的不断提升

高水平的服务质量是商业银行竞争力的核心,而这一切都建立在员工专业能力的持续提升之上。认识到这一点的银行会不遗余力地对员工进行专业培训和能力提升,尤其注重于最新的金融法规解读、金融产品特性认识及对当前市场动态的把握。这样的培训计划可以帮助员工持续更新他们的知识库,使他们更加敏锐地识别市场变化,理解并预测客户需求,同时能以全面和合规的方式提供服务。银行确保员工始终保持业界最前沿的知识水平,不仅能增强其解决问题的能力,也提升了他们向客户推荐适合的金融产品和服务的准确性,这对于维护客户关系和银行信誉至关重要。通过这种方式,银行得以在动态变化的金融环境中保持竞争优势,不仅在现有市场中稳固了地位,也为未来机遇做好了准备。

三、优化工作流程和技术支持

为了维持和提升服务效率,商业银行必须定期审视并优化其内部工作流程。通过简化复杂的流程、减少不必要的步骤及提高手动操作的准确性,银行员工可以有效降低错误率和提高工作效率。另外,紧跟金融科技的发展步伐,运用自动化工具和智能系统来辅助日常运作已成为提升服务能力的关键。例如,引入智能算法辅助信用评估过程,不仅可以减轻工作负担,还能提高评估的速度和准确性。此外,通过提供易于使用的在线服务平台,客户可以自助满足更多服务需求,从而得到更快捷、更便利的银行体验,这既提升了客户满意度，也增强了银行的市场竞争力。

四、持续的客户反馈和改进机制

商业银行要提供优质服务，就需要构建一个系统性的客户反馈收集和分析机制。通过各种渠道征集客户意见，定期地对反馈进行深入分析，银行就能揭开服务中的弱点，并针对性地进行改进。相应地，服务流程和产品设计应不断根据这些宝贵的客户意见进行调整，确保服务质量随着时间的推移而持续提升。这种反馈循环机制保证银行能实时把握用户需求和预期，从而不断进步和创新服务内容，使客户体验始终保持在高标准甚至超越客户预期的水平。

五、绩效评估与激励相结合

高效和高质量的服务离不开全体团队成员的持续奋斗。因此，一个公正透明的绩效评估机制是至关重要的，它能确保员工的努力和成果得到公平的认可和奖励。结合有效的激励措施，如合理的奖金、提成制度及职业晋升的机会，更能激发员工的工作热情和提供高标准服务的动力。通过这些激励，员工将更有动力地优化自己的工作流程，提升工作效率，致力于给客户提供卓越的服务体验。银行也能从中受益，因为高标准的服务品质将能吸引和保留更多的客户，从而进一步巩固银行的市场地位。

第二节　客户满意度和忠诚度

在商业银行业中，凝聚力不只是内部团队的默契和效率，更是银行服务能力的体现。强大的凝聚力使银行能够以统一且高标准的服务赢得客户的满意和建立长期信赖。客户满意度和忠诚度是银行服务质量的重要指标，直接关系到银行的品牌形象、市场份额和盈利能力。只有当银行员工之间展现出强大的团队精神和合作态度时，客户接收的服务才会更加优质和高效，从而打造出银行良好的品牌形象并促进其商业成功，具体方法可以参考以下几点（如图8-2所示）。

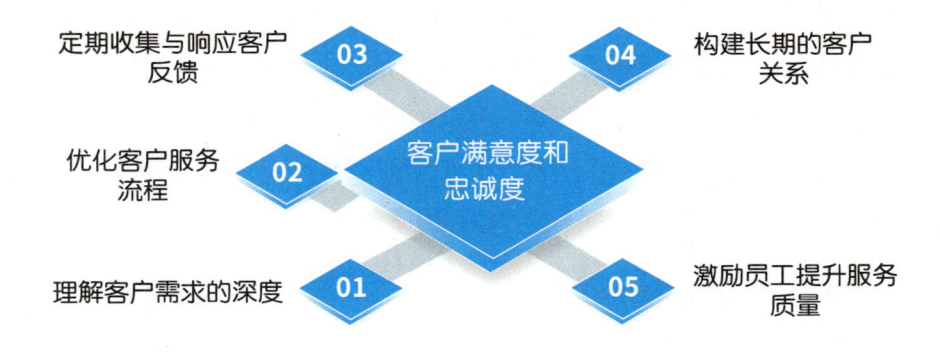

图8-2　提升客户满意度和忠诚度的五个方法

一、理解客户需求的深度

在金融服务业，深入理解客户需求是提供个性化和高质量服务的基础。

一支团队如果能形成共同的目标和强烈的团队凝聚力，那么在理解和响应客户需求方面将具有更高的准确性和效率。为此，商业银行应当采取综合的手段深挖客户数据，利用先进的数据分析技术、充分的市场调研，以及一线工作人员的日常经验和顾客反馈，精准地把握客户偏好和对服务的期望。从这些分析中获得的洞见不仅能指导银行提供更贴心的定制化服务和产品开发，还能显著提高客户满意度和忠诚度。此外，凝聚力较强的团队能够有效地将这些洞见转换为可行的营销策略和客户体验提升措施，并快速将这些信息传达给关键决策人，从而将市场反馈迅速转化为实际操作。

二、优化客户服务流程

顾客服务体验在很大程度上取决于银行的服务流程是否高效且易于操作。因此，商业银行必须不断地评估和改进其客户服务流程，旨在令银行的每一个服务接触点都能简洁、高效，并且尽量减少顾客在办理业务时的等待时间和复杂手续。银行内部不同部门之间的流畅沟通和紧密协作是确保服务流程顺畅运行的前提，这有助于在服务流程中及时发现和解决可能影响客户体验的问题。随着科技的发展和客户行为的变化，运用新技术，如智能移动应用和各式各样的自助服务终端，为顾客提供更为灵活、便捷和安全的银行服务显得尤为重要。这样的技术创新可以帮助银行扩大服务触达点，缩短客户等待时间，并且极大地提升客户整体的服务体验和满意度。

三、定期收集与响应客户反馈

持续改进服务质量和有效解决客户遇到的问题是每家商业银行都应追求的目标。为了达成这个目标，银行需要建立一个功能强大的反馈系统，以便客户能够方便地表达他们的意见和建议。这样的系统需要保持渠道的多样性和开放性，以方便不同偏好和需求的客户可以通过他们想要的方式进行反馈。同时，根据客户提供的反馈，银行要能够迅速采取措施，并向客户反馈他们建议的具体采纳情况。这要求银行在接收到客户意见后，能够迅速地评估并采取必要的行动来调整服务方式或产品特性。对客户反馈给予重视并及时做出正面响应是银行赢得客户长期信任和忠诚的重要因素，不仅能够帮助银行确保服务和产品的不断升级，还能增强客户对银行品牌的认可和支持。

四、构建长期的客户关系

构建并维护长期的客户关系对于银行的稳定发展至关重要。一支凝聚力强、富有同理心的团队更有可能理解并满足客户在金融领域中的多变需求。银行可通过提供符合个人化需求的服务和定期沟通，更深入地掌握客户期望，并据此提供与客户生命周期各阶段相吻合的金融产品和定制化服务。例如，为进入不同人生阶段的客户群体设计特定的财务规划和服务，或者针对忠诚客户提供优惠政策和附加服务。对客户需求变化的不断关注和对个性化服务的不断投入将使客户深感自己被银行所珍视，这种感知将转化为对银行的忠诚，并促进长期稳定的合作关系，最终有助于银行在复杂多变的市场环境中占据有利地位。通过这些努力，银行不仅能够保持现有客户基础，也能够吸引新客户，进一步加强其市场竞争力和业务成长。

五、激励员工提升服务质量

为了不断提升服务水平，银行必须构建一套有效的激励体系，这套体系应着眼于提高员工在客户服务质量方面的表现。绩效奖励，例如晋升机会、奖金分配和额外的职业发展资源，应该与员工在提高客户满意度及培养客户忠诚度方面的成绩直接挂钩。当员工明白他们在日常服务中的努力能给自己带来实质性的好处时，他们便更有动力和热情去提供卓越的客户服务。此外，对那些在客户满意度上做出显著进步的员工给予公开表彰和物质奖励，能够在全体员工当中营造一种致力于服务优化和客户关怀的正面竞争氛围。

第三节　员工满意度和留任率

商业银行的内部凝聚力对员工满意度和留任率具有根本性影响。当银行能够营造一个支持性强、认可度高、机会多的工作环境时，员工不仅更愿意留在公司，也会在工作中表现出更高的幸福感和满足度，具体方法可以参考以下几点（如图 8-3 所示）。高留任率和员工满意度将直接反映在银行的运营效率上，并为客户提供更贴心、更专业的服务。

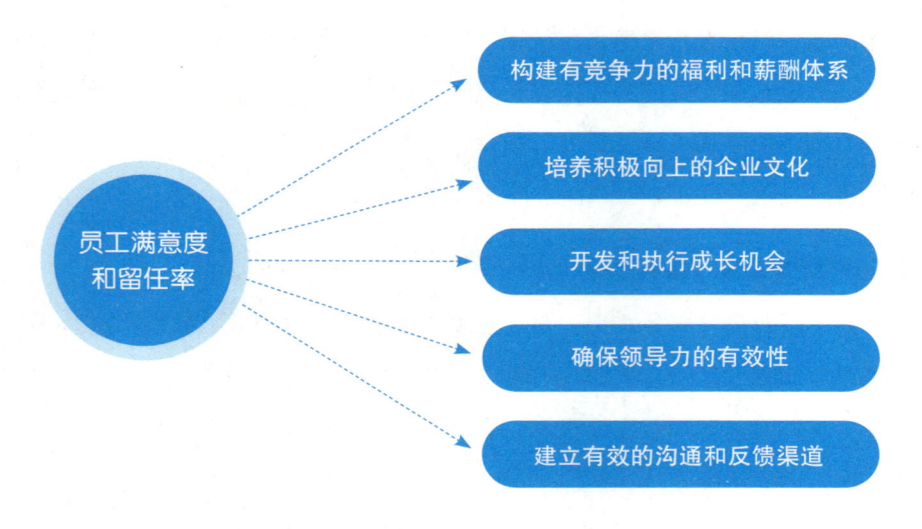

图 8-3　提高员工满意度和留任率的五个方法

一、构建有竞争力的福利和薪酬体系

员工满意度是银行成功运营的基石，而员工的薪酬和福利是影响其满意

度的关键因素。为了吸引并保留最优秀的人才，商业银行需要确保其提供的薪酬方案在市场中具有竞争力，并且在可行的情况下，优于竞争对手。一个全面、公平且具有吸引力的薪酬包括但不限于可观的基础工资、丰厚的奖金、完善的退休金计划及全方位的健康保险覆盖。这些福利措施反映了银行对员工的尊重和重视，不仅能够增进员工的工作满意度和幸福感，同时也是员工评估是否对公司进行长期承诺的重要考量。当员工感到自己的付出得到了合理的回报，并且看到自己的未来有保障时，他们自然会更加投入工作，愿意为银行的长远发展做出更大的贡献。

二、培养积极向上的企业文化

有力的企业文化能够显著提升员工的工作热情，并在组织中培养出一种积极的工作态度。为此，商业银行应着重塑造一种既鼓励创新思维，又强调团队精神，同时不断支持员工职业成长的文化环境。这可以通过各种方式来实现，比如定期安排团队合作活动以提升团队凝聚力，开设各种反馈渠道以鼓励员工之间的开放沟通，以及对表现杰出的员工给予形式多样的表彰和奖励等。在这样的企业文化熏陶下，员工不仅感到自己的贡献被认可，而且对于工作的热情和归属感也会有显著的提升。最终，这种积极的工作环境会让员工更愿意投入自己的职业生涯，并与公司建立起长久稳固的关系。

三、开发和执行成长机会

留存率的高低并不仅仅取决于其对当前职位的满意程度，员工们对于未来可能的成长和晋升空间同样重视。商业银行应识别并明确员工的不同成长需求，并结合这些需求提供针对性的职业发展规划，包括定期的教育与培训课程、梯度明确的晋升路径及多渠道的才能发展机会。当员工能够看到银行为他们提供了一条清晰且可执行的个人成长轨迹，以及实现个人职业目标的实际途径时，他们往往会对自己的未来持有更加乐观的态度。因此，员工的投入感和对银行的忠诚感自然也会提升，从而更愿意在该机构中长期发展，积极助推银行业务的成长与繁荣。通过这些举措，银行不仅能够吸引优秀人才的加盟，也能够留住核心员工，并帮助他们在职业路上不断迈进，实现个人与企业的共赢。

四、确保领导力的有效性

领导力对于激发团队的热情和提高员工的工作满意度起着至关重要的作用。领导者必须拥有优秀的沟通技巧，能够明确传达目标和期望，同时倾听团队的反馈和建议。他们的决策能力应该基于深思熟虑和全面的信息收集，确保每次决策都符合团队和组织的最佳利益。激励团队突出能力则要求领导者能够识别并满足员工的需要，鼓励他们超越自我，实现更高的成就。此外，领导者应当展现出对员工的个人关怀，真诚地关注他们的职业发展，同时保持对所有员工公平、公正的态度。一个能够激发员工潜力的领导将能够营造出一种团队成员间互相扶持、协同合作的积极氛围，这种文化最终会提升员工的整体满意度和忠诚度，进而促进员工的长期留存。

五、建立有效的沟通和反馈渠道

在银行业务的日常运营中，确保员工能够顺畅表达自己的意见至关重要。为此，商业银行应构建多元化的沟通和反馈渠道，这些渠道应当尊重员工的隐私和表达意愿。匿名调查能够让员工在不透露自己身份的情况下提出意见，而定期的团队会议和反馈环节则可以让他们在更正式的场合讨论和解决问题。直接与高层管理的对话机会则可以让员工直接向决策者传达他们的观点。当一个组织重视并采纳员工的反馈时，员工会感到自己对企业的进步发挥了积极作用，并因此感到自己是组织中不可或缺的一部分。这种归属感和被重视的感受是提高员工忠诚度的关键因素，并能显著提升员工的留存率。有效的沟通和反馈流程也有助于管理层发现潜在的问题，并迅速采取行动，保证服务质量和管理政策能够持续改进和适应市场变化。

第四节　良好的团队合作和内部沟通

商业银行作为一个复杂的服务机构，凝聚力在其运营中起着至关重要的作用。强大的内部凝聚力能够显著提升银行工作效率，优化客户体验，同时也能够增强员工之间的信任和协作。良好的团队合作和内部沟通是银行凝聚力的直接体现，它们不仅能够帮助银行更有效地达到商业目的，还能够为员工提供一个更加和谐积极的工作环境，具体方法可以参考以下几点（如图8-4所示）。

图8-4　实现良好的团队合作和内部沟通的五个方法

一、建立跨部门协作平台

在大型商业银行中，不同部门间的协调合作是确保业务顺利进行的一个关键因素。为了应对这一挑战，建立专门的协作平台至关重要。这类平台可以提供一个统一的沟通和资源分享环境，有效地整合各部门的知识和技能，促进跨部门项目的高效管理和执行。定期召开跨部门策略会议，成立项目协作小组，以及提供实时在线协作工具，如共享文档和任务管理系统等，都是促进跨部门协作的有效方式。通过这些措施，员工可以更加容易地共享信息、展开讨论和快速解决跨领域的问题，进而加强团队之间的合作，提高银行的整体业务绩效。

二、提供沟通技巧培训

有效的团队合作离不开每个团队成员良好的沟通能力。商业银行应该认识到这一点，并且定期为员工提供沟通技巧培训。这类培训可以涵盖不同的方面，比如教授员工如何清晰、有条理地表达自己的观点，如何有效地倾听并理解同事的意见，以及如何在面对不同观点时积极寻求共识并解决沟通中的冲突。这种培训不仅局限于业务交流，也应该包括提升个人的解决问题能力和加强团队协作的技能。通过掌握这些沟通工具，员工能在日常工作中更好地理解彼此，避免误解或冲突，从而提高整个团队的协作效率和工作成果。此外，优秀的沟通能力不但能在内部团队中营造和谐的合作氛围，也有助于银行在与外部客户或合作伙伴的互动中，体现出专业和高效的形象。

三、强化团队领导及管理层的沟通角色

团队领导和管理层的沟通作风和效率直接影响着银行内部氛围及员工的工作态度。为了提升整个团队的协作和执行能力，领导者必须在沟通上起到表率作用，展现出积极主动且包容的态度。无论是面临常规任务，还是在挑战和危急时刻，领导者都应坚持信息的透明共享和真诚交流，从而营造出信任和尊重的氛围。领导者还需不断强化倾听技巧，确保能够准确把握和反映员工的想法和建议，使员工感受到自己的意见被重视，从而激发他们的参与感和责任感。领导层的这种沟通方式能够显著提高团队的团结力，以及员工对于银行的忠诚度，创造出一个积极、高效合作的工作环境。

四、应用高效工具和技术以促进沟通

适应数字化进程是商业银行创新和发展的必然趋势，高效的沟通工具和沟通技术的应用能够极大地改善内部沟通的流程和结果。通过引入实时通信软件，员工能即时分享信息、解答疑问，并即刻获得反馈，这不仅促进了信息交流的速度，也提高了工作的灵活性。电子邮件管理系统的运用可以帮助员工更好地分类整理日常邮件，提高处理邮件的效率，避免信息遗漏。另外，视频会议工具在减少地域限制和降低出差频率的同时，也保证了远距离沟通的亲近感和实时性。这些工具和技术的引入，能显著地提升沟通的便捷性和时效性，不仅减轻了员工的工作负担，也为银行创造了更加流畅的协作环境。随着银行业务范围的扩展和国际化程度的加深，这些沟通工具和技术将成为内部管理不可缺失的一环。

五、创建一个公平开放的沟通氛围

在银行业这一专业性强、竞争激烈的行业中，创建一个公平而开放的沟通氛围对于组织的健康发展至关重要。在这样的氛围中，员工能够毫无顾虑地分享他们的见解、创意和发现的潜在问题，不会因担心影响到职位安全或个人评价而有所保留。开放的沟通鼓励员工提出改进建议和创新想法，促进知识与经验的共享。此外，这种文化也使所有人都能平等地参与到讨论中来，公平获得反馈和信息，从而感到自己是受到尊重和重视的团队的一部分。银行可以通过设立匿名反馈通道、组织公平且透明的团队会议和让员工参与决策过程等方式来培育这种文化。长期以来，这样健康的沟通氛围有助于塑造高度参与、共同协作的团队精神，对于银行的长期成功是不可或缺的。

第五节　信任与效能的统筹案例

在繁华都市的中心，一座不起眼的建筑里，某知名商业银行的日常工作开始了。李行长正面临一个挑战：银行业绩停滞，团队士气急需提振。在这个竞争激烈的金融市场，唯有提升内部凝聚力，才能打破僵局。

李行长深知，在银行领域中，高效率和高质量的金融服务是赢得客户忠诚度和满意度的关键。员工的幸福感和团队的沟通协作能力，也对银行的长远发展至关重要。他意识到，要推动变革，必须由内而外重塑银行的企业文化。

就在这时，银行遭遇了一个危机。值得信赖的客户张女士急需处理一笔大额跨国汇款，而她所在区域的网点系统正好在进行维护升级，无法即时完成操作。张女士的焦虑瞬间传递给了客户经理何小芳。眼看汇款的截止时间即将到来，何小芳决定向李行长求助。

李行长听着何小芳的汇报，他冷静且迅速地制订了应急计划。他从容不迫地答道："我们必须发挥团队的力量解决此事。这次我们一起迎难而上。"何小芳听后，内心的不安渐渐平息，她知道在李行长的带领下，重重困难终将迎刃而解。

随即，李行长动员了从技术支持到分行操作的全银行资源，每个部门都争分夺秒、各司其职。他联系其他分行，请求协助处理此事，亲自与技术团队沟通。他快速的决断和清晰的指挥，让各部门如同精密的齿轮，完美配合，没有一丝摩擦。

何小芳紧盯着整个汇款处理过程，不放过任何一个环节，及时地更新信息给张女士。在银行内部的紧密合作下,张女士的汇款顺利完成了。何小芳向张女士宣布了这个好消息,张女士喜极而泣,连声感谢。而这次紧急处理,无疑也检验了李行长构筑凝聚力的初衷。

这次事件的成功处理不仅赢得了客户的赞扬,更在员工中激起了自豪和幸福的涟漪。何小芳和团队成员们,在集体努力和风雨同舟中找到了勇往直前的力量。张女士的案例被银行内部广泛传颂,成为突出团队协作和卓越服务的典范。

一年后,李行长的统筹典范和各项改革带来显著成效:员工平均销售额增加了20%,绩效评分提升,离职率下降,市场份额和客户满意度明显回升,内部操作成本得到有效节约。商业银行通过构建凝聚力,不仅提高了工作效率和客户满意度,也提升了员工幸福感和忠诚度,团队合作和内部沟通更显得无比重要。正是这种源自内心的紧密结合,让商业银行在日益激烈的金融市场中越挫越勇,走出了转型的关键一步。

从上面这个案例中,我们可以观察到商业银行是如何在危机管理中实现高效团队合作,进而显著提升内部凝聚力,并通过此过程提高客户满意度和员工留任率的。

首先,李行长在紧急情况下的迅速反应和有效管理体现了他在应急预案上的准备,以及他能够迅速动员整个银行的资源以应对突发事件的领导能力。这种快速反应不仅稳定了客户情绪,保持了银行业务的连续性,也展示了银行在面对压力时的凝聚力。

其次,李行长的危机处理方法体现了他对于团队合作的高度重视。他没有单独处理问题,而是动员了各部门共同参与。通过跨部门的沟通与协作,银行能够充分利用每个团队的专长和资源,将问题解决得更加高效。这不仅高效解决了问题,并且加强了部门间的相互了解和信任,增进了整体团队精神——即团队凝聚力的核心所在。

再次，这个案例还展示了李行长如何通过赋予员工决策权、激励员工创新和认可员工表现来增强员工的职业满意度。何小芳的行动自由度和及时反馈给客户的能力，象征着银行给予个体员工的信任。针对性的奖励机制不仅与员工个人成就感相挂钩，也提高了员工的忠诚度和留任率。

最后，透过张女士的案例明显看出，李行长将银行的凝聚力成功转化为了高质量的金融服务。这种转化提高了客户对银行的忠诚，提高了整个银行的市场份额，并有效降低了员工流失率。这次处理在终端客户处获得了认可，为银行内部提供了反馈与动力，从而形成了一种正向循环。

总体来说，商业银行通过李行长灵活有效的应对策略和人本管理理念，不仅提高了急难时刻的应变能力，也加深了银行内部的凝聚力。此案例展现了团队精神和优质服务的重要性，展现了商业银行强大凝聚力的商业价值和社会价值。

第九章

商业银行凝聚力的未来发展

第一节 适应金融科技的发展

金融科技（FinTech）指的是新兴科技在金融服务领域的应用，旨在提高金融运营的效率和客户体验。它涵盖了从基础支付和资产管理到复杂的算法交易和个人财务规划的广泛服务技术。现代金融科技利用互联网、大数据、人工智能、区块链等技术，构建出更加安全、便捷、定制化的金融服务体系。金融科技不仅改变了消费者和企业使用金融产品的方式，而且对商业银行内部运营、风险管理、客户服务，乃至总体的业务模式都产生了深远的影响。商业银行需要适应金融科技的发展，可以采取以下几个策略（如图9-1所示）。

图9-1 适应金融科技发展的四个策略

一、持续的数字技能培训和生涯规划

为了使员工能够跟上数字化发展的步伐，银行需要提供全面持续的数字

技能培训。这可以通过定期的在线和离线课程、专业的工作坊和具有实战意义的认证培训来完成。银行应该与技术供应商及学术机构紧密合作，引入最新的金融科技及数字工具的教学资源，使员工能持续掌握前沿的数字金融知识。此外，透明清晰的职业发展规划能够帮助员工设定个人目标和长期职业规划，银行应搭建起跨部门轮岗的平台，鼓励员工不断扩展自己的知识面和技能，以适应行业的变革。通过这种方式，员工能在不断的学习和实践中充实自我，同时加深对银行业务运作全貌的了解，为自己在日益变化的银行行业中确立坚实的核心竞争力。

二、跨界合作与创新思维培养

要在竞争激烈的金融行业中保持领导地位，银行必须把跨界合作和创新思维作为企业文化的核心部分。推动跨领域合作的举措可以采取多种形式，其中之一是设立具有多学科特点的创新实验室或研发中心，使得来自不同专业领域的员工，如IT专家、金融分析师、市场营销人员和客户服务代表等，能够齐聚一堂，共同探索并开发出适应新时代的金融产品和服务。在这个过程中，银行还应积极培养员工敢于冒险的创新精神，鼓励他们跳出常规思维，勇于实验新颖的解决方案。通过模拟真实市场环境，员工可以在风险可控的情况下学习创新，并在实践中增强团队合作和解决问题的能力，进一步促进团队的紧密合作和内部凝聚力。

三、数字化通信工具和平台的标准化

现代银行的运营模式正在经历由传统向数字化的转变，在这个过程中，统一和标准化的数字通信工具成为提高工作效率的关键因素。对于银行而言，确保所有员工都能够无障碍地使用即时消息工具、项目管理软件和视频会议系统，是保障远程工作效率和团队协作顺畅的基础。投资于这些高效的数字工具能够帮助员工不受地理位置限制，及时沟通和协作，并最终提高银行的业务处理能力和客户服务质量。同时，为了防止信息泛滥而导致的工作效率下降，银行应该制作一套数字沟通规范和最佳操作指南。这些规范不仅有助于保持团队间沟通的流畅性，而且还能确保敏感信息的安全性和保密性。通过教育员工这些最佳实践，可以进一步提升他们利用现代化工具沟通的技能，确保整个银行能够统一步伐，高效协作。

四、培育以技术和创新为核心的企业文化

在金融科技的影响下，商业银行需要培育一种以技术和创新为核心的组织文化。此种文化鼓励人们接受并适应变化，愿意尝试新的事物，并从失败中学习。高层管理者需要作为变革的模范，亲身参与创新项目，展现对新技术的信任和支持。同时，银行应通过各种激励措施，诸如创新奖项、职位晋升机会及对个人和团队贡献的认可，来强化这种以创新为导向的文化，推动整个组织向着更加灵活和响应迅速的方向发展。

第二节　强化员工教育和培训

随着金融行业竞争的加剧和市场环境的不断变化，员工教育和培训对于商业银行来说变得更加重要。强化凝聚力和促进银行持续发展的关键在于确保员工的技能和知识不断更新，能够及时适应新的业务需求和市场挑战。商业银行需要将员工教育和培训作为战略优先事项，以提升整个组织的能力水平及应对未来变革的灵活性，具体措施可以参考以下几项（如图9-2所示）。

图 9-2　强化员工教育和培训的四项措施

一、综合性能力发展计划

为了应对日益激烈的市场竞争和不断加快的技术进步，商业银行必须制订并执行一套全面的员工综合能力发展计划。这套计划应当包含员工职业生涯的各个阶段，从新员工的入职培训到资深员工的专业提升和领导力培养，再到全体员工的持续教育。该计划除了包含基础的金融知识、客户服务和营销策略等内容外，还应紧跟时代趋势，深入涵盖人工智能、大数据分析及区块链等新兴技术。通过这种全方位的发展计划，员工能逐步构建全面的职业技能体系，并在实际工作中不断提升自己的适应性、专业性和创新思维能力。长期来看，这不仅能提升员工的个人能力，还能加强整个银行的综合竞争力。

二、实践导向的培训方式

在人才培养过程中，理论知识虽然重要，但如果不能转化为实践中的操作技能，则其价值便大打折扣。因此，商业银行应结合实际工作场景，提供种类多样的实践导向培训项目。通过设置工作坊、案例研究、角色扮演、模拟演练和实际项目等多种形式，员工可以在接近真实条件的环境中练习应用新技能，从而加深对新知识的理解。例如，通过金融风险管理模拟、客户服务团队建设活动或是针对新技术应用的项目管理练习，员工能够更好地领会课堂上所学知识的实际应用场景，并在培训过程中主动发现问题，提出创新解决方案。这样的培训方式能够增强员工的实战经验，提高解决复杂业务问题的能力，同时也会提高员工的职业满意度和忠诚度。通过这种方式，商业银行不仅能够培养出一批拥有强大实践能力的专业人才，也能不断优化和创新自身的业务流程和服务模式。

三、跨部门交流和轮岗机制

银行作为一个综合性服务机构，其业务的多样性要求员工具备宽广的视野和多领域的知识。为此，商业银行应重视并实行跨部门的交流和轮岗机制。这一政策不仅仅是员工个人发展的机遇，更是银行培育多领域复合型人才的战略之一。员工在不同的业务单元和职能部门轮岗，不仅能够深入了解银行的各项业务，提升专业技能，还能增进与其他部门同事的交流和理解，培养团队合作的精神和能力。这样的轮岗经历使员工能够从不同角度洞察组织运作方式，形成全局观念，促进团队间的凝聚力及整个组织的一体化。

四、绩效与学习结合的激励系统

激励制度是商业银行管理策略的核心，正确的激励机制能够有效提升员工的积极性和忠诚度。结合绩效评价与员工的学习进度和培训表现的激励系统，能够更好地实现银行的长远发展目标。通过为那些不断学习和将新知识技能运用到工作中的员工提供有形回报，如优先晋升、绩效奖金、薪资提升及更多个人发展机会等，银行能够明确向员工传达积极进取的价值观。这样的制度不仅能提升员工的工作热情，还将创造一个积极主动的学习氛围，鼓励所有人为自身和银行的共同成长而努力。此外，这种激励模式还体现了银行对员工个人发展的支持和重视，有助于增强员工的满意度和归属感，进而提升整体的团队凝聚力和工作效率。

第三节　优化企业文化和内部管理

在金融行业持续变革的大背景下,商业银行的企业文化和内部管理对强化内部凝聚力、提升组织效能和塑造持续竞争优势变得至关重要。面向未来,商业银行需要对现有的文化和管理模式进行适时调整和优化,以适应不断变化的市场和客户需求,同时激发员工潜力和创新活力(如图 9-3 所示)。

图 9-3　优化企业文化和内部管理的四项措施

一、培养开放透明的企业文化

培养一种开放透明的企业文化对于商业银行的长期成长和员工的满意度

非常重要。在这样的文化中，每个人都被鼓励分享自己的意见和创意，并且确信自己的贡献能被重视和尊重。为此，管理层必须首先做出表率，以自己的行动来推动这一文化的形成。他们需要积极透明地沟通银行的长期计划、短期目标和决策背后的逻辑，并确保所有员工均能第一时间了解到与自己工作相关的各种信息。这包括分享业务上的成就和面临的挑战，展示银行作为一个团队共同经历风雨的决心。同时，银行应建立有效的反馈机制，如通过员工满意度调查收集大家的意见或者设立建议箱让员工匿名提出建议，每条建议和反馈都应得到及时和认真的处理。通过这样的机制，员工就能获得积极的参与感，知晓自己的意见对银行的发展具有实际影响力，从而提高他们的工作热情和忠诚度。

二、推进内部管理的数字化转型

在数字化技术不断改变商业模式的今天，商业银行需要紧跟技术发展的脚步，通过数字化转型提升其内部管理的效率和灵活性。银行应积极探索并应用最新的技术解决方案，如引入 ERP 系统来优化资源配置，运用 CRM 系统更好地维护客户关系，以及部署基于云计算的工作协作平台实现远程工作和文件共享。这些数字工具和平台能帮助银行更有效地管理大量数据，简化复杂的操作流程，并基于数据分析做出更加精准的业务决策。数字化转型不仅能够降低人工错误，还可以提高团队的协作效率和业务响应速度，为银行在激烈的市场竞争中赢得先机。同时，银行也应同时关注员工在这一转型过程中的培训和适应性，确保每位员工都能顺利地掌握和运用新的数字工具。通过整体提升内部管理的数字化水平，银行能够实现更优质的服务、更高效的运营，并且具有更强的市场竞争力。在数字化转型过程中，银行也需要注重保护客户和员工的数据隐私，确保符合相关的法规要求。

三、优化内部结构，强化团队协作

在商业银行的高效率和高效能的环境要求下，灵活的组织结构和良好的团队协作是不可或缺的。银行需要定期评估其内部架构，查找并解决可能导致沟通阻碍和工作低效的问题。通过合理地调整部门规模，形成灵活的小团队，可以更好地集中精力解决特定任务，从而提高工作效率和创造力。在这样的团队中，成员具备多方面的专业技能，可相互协作解决复杂问题。给予这些小团队适当的决策权，不仅能加速决策过程，还能最大限度地发挥团队的创新潜能。除此之外，定期举行团队建设活动，比如团队培训、户外拓展等，能够加深团队成员之间的相互了解和信任，培养团队精神，加强成员之间的凝聚力和归属感。

四、激发领导和员工的创新动力

在日新月异的金融市场中，创新能力是商业银行保持竞争力的核心所在。银行必须创造一个充满活力的工作氛围，让员工敢于尝试、不惧失败，并从中吸取经验教训。在这样的文化背景下，失败不再是终点，而是通向成功的垫脚石。银行可以通过设立创新基金来鼓励员工尝试新的想法和方法，为那些富有创造性的项目提供资金和资源支持。同时，对于那些取得显著成效的创新项目要给予奖励，还可以全行范围内进行表彰和分享，激励更多员工投身于创新实践中。银行的管理层自身也应该成为创新的先锋，通过亲自参与和支持，展示领导者对创新重要性的认可，激发员工的创新动力，共同推动银行的进步和发展。

第四节 持续改进和提高凝聚力

在激烈的市场竞争和快速变化的金融环境中,商业银行的凝聚力成为推动机构稳定发展和业绩提升的关键因素。持续改进和提高凝聚力需要银行从多方面入手,不断创新和完善管理体系、工作环境及员工成长机制(如图9-4所示)。这不仅关乎吸引和留住人才,更是银行长期竞争力的展现。

持续改进和提高凝聚力

- 建立以员工为中心的管理体系
- 营造良好的工作环境和组织气氛
- 强化沟通与信息分享机制
- 实施有效的团队激励和表彰机制
- 定期评估和迭代组织战略

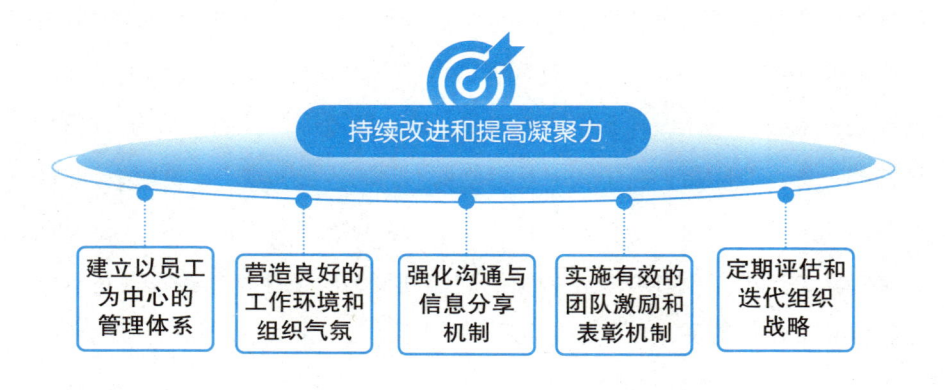

图9-4 持续改进和提高凝聚力的五项措施

一、建立以员工为中心的管理体系

要构建一个以员工为中心的管理体系,首先需要认识到员工的满意度和工作效率对于银行业务的成功有着直接的影响。这种管理体系着重于倾听员工的声音,关注他们的个人需求,并可以积极为他们提供成长和发展的机会。

在具体实施上，管理层需要定期与员工进行深入交流，通过问卷调查、员工访谈或公开会议等方式收集意见和建议。此外，创造一个公平、透明的晋升体系，以及提供灵活的工作时间和远程工作的机会，可以帮助员工更好地平衡工作与生活。与此同时，一个综合性的健康与福利计划也是至关重要的，它不仅能够提升员工的幸福感，还能增加员工对银行的忠诚度。如果银行把员工放在首位，关心他们的福祉和职业发展，员工自然会用更高的工作热情和团队合作精神来回馈企业。

二、营造良好的工作环境和组织气氛

银行的工作环境和组织气氛会对员工的工作态度和业绩产生深远影响。营造一个健康、积极的工作氛围需要从尊重每一位员工做起，让员工无论其级别如何，都能感到自己是组织中的重要一员。此外，培养多样性和包容性的企业文化亦是重中之重。银行管理层可以采取多种措施来优化工作环境，比如改善办公设施，提升工作场所的安全性和舒适度，提倡公平的交流和多样性的思维，鼓励员工在团队中互相尊重不同的背景和观点。同时，通过组织各种团队建设活动，如户外拓展训练、志愿服务、员工聚餐等，银行可以加深员工之间的了解和默契，为员工间建立良好的工作伙伴关系奠定基础。在这样的工作环境下，员工将更加乐于投入工作，助力银行创造更好的业绩，实现银行的长期发展和成功。

三、强化沟通与信息分享机制

在银行这样信息密集的行业中，顺畅的沟通与信息分享机制是确保工作效率和提高团队凝聚力的关键。为此，商业银行需要建立一个全面的沟通系统，以确保决策的透明度和信息的流畅性。这包括利用高效的数字工具，如内部社交网络、企业即时通信及知识管理系统，将关键信息快速准确地传达给所有员工。同时，管理层应该鼓励员工通过结构化的渠道，如定期的工作汇报、内部简报与开放型会议，表达他们的意见、问题和建议。而工作线索的反馈与认真处理更是对员工尊重的体现，能增加他们的参与感和满意度。此外，建立匿名反馈机制可以让员工更无拘束地提供真实的反馈，帮助管理层洞悉潜在问题并加以改进。这种积极的沟通文化能够加强员工间的相互信任，有力地打破信息孤岛，促进团队成员间的合作与互相支持。

四、实施有效的团队激励和表彰机制

一个有效的激励和表彰机制能够显著增强员工的满意度和凝聚力，让员工明白自己的努力和成果会得到认可。商业银行应构建透明且具有激励效果的绩效评价体系，对那些业务能力强且对团队做出积极贡献的员工给予物质或精神上的奖励。这些激励方式不仅限于传统的金钱奖励，更包括为员工提供个人和职业成长的机会，例如赞助技能培训、提供参加行业会议的名额或者提供职位晋升的机遇。通过对优秀员工的正面表彰，银行不但能激发员工的内在动力，增强归属感，同时还能够在全银行范围内营造积极的竞争环境，鼓励员工追求卓越，为共同的目标努力。通过确保激励政策的公平性和连续性，商业银行能够打造一个团结向上、充满活力的工作场所。

五、定期评估和迭代组织战略

商业银行作为一类在不断变化的市场中竞争的企业，需要建立一套系统性机制来保持其战略和政策的持续更新与优化。定期的战略评估应包括对银行业务成果的量化衡量，如收入增长、市场份额和客户满意度等关键性能指标，以及对战略执行过程的定性分析，如员工态度、工作流程和客户反馈等方面。这些评估的结果可以揭示现有战略的优势和劣势，为银行的战略调整提供客观依据。

在获取这些信息的基础上，银行应迅速做出相应的优化和调整，使战略更加符合当前市场的趋势和挑战，同时满足员工的发展需求。只有通过这种不断的自我反思和更新，银行才能保持活力，适应外部环境的变化，抓住新的业务机会，同时促进和保持员工的高昂士气和团队凝聚力。员工在见证银行不断追求进步和卓越的过程中，将更加积极地投身于工作中，产生强烈的成就感和归属感。这种积极的参与和认同感是提升整个组织凝聚力的重要推动力。

第五节　智链银行的凝聚力之旅

在瞬息万变的金融行业中，智链银行正处在数字化转型的前夜。银行内部的革新不仅要求技术的更新换代，更需要构筑坚不可摧的团队凝聚力。张经理作为负责银行转型的先锋，正面临一场传统与创新之间的较量。

位于银行大厦五层的未来金融科技中心，是张经理筹谋变革的起点。这里，玻璃幕墙倒映着肆意流转的数据流，张经理目光深邃，对即将到来的挑战胸有成竹。他明白，技术层面上的升级固然重要，但更重要的是激发和保持员工的热忱和忠诚。

一场员工大会在中心最富未来感的会议室召开。张经理站在讲台上，环视下面期待的目光，他深吸一口气，励志的话语振奋人心："我们的银行即将开启一段新的征程，但请记住，这不单是科技的升级，也是我们共同进步的历程。"

尽管张经理的话语庄重有力，但大会上，财务部的资深主管李主管却提出了尖锐的质疑。他的担忧像阴云挥之不去："所有的数字化革新听起来耀眼，但面对行业中越来越多的未知，我们真的有准备好迎接挑战吗？"会议室内一瞬间气氛紧绷。

张经理没有立即反驳，而是定了定神，语气平和地回应："变革，就像攀登高峰，每一步都不易，但不可否认的是每一步都让我们离目标更近。我们不害怕未知，恰恰相反，我们把它视为提升自身的机遇。"李主管眼中闪过一抹认同，沉思良久后，他的表情缓和了许多。张经理的话似乎给了他重新审视改革的勇气。

张经理以实际行动回应挑战。他携手技术团队，准备夜以继日地开发一款全新的移动银行应用，用以提升客户体验和增加交易便捷性。在深沉的夜幕下，在灯火通明的办公室里，张经理与团队紧张而充满期待地讨论着原型设计，代码在键盘敲击间不断出现。

然而，困难重重。在一次关键的融资汇报会上，李主管率先质疑新应用的市场前景，声称这种投资风险过大。他的质疑引来一阵低语，张经理的团队面临信心受挫的风险。张经理马上站出来，拿出了准备充分的市场分析报告和预期收益数据，精准地对李主管的质疑进行反驳："信心来自实力，而实力来自深入调研与充分准备。"他的话语中带着坚定，逐渐驱散了疑虑的阴霾。

在张经理的坚持和引领下，一系列创新性举措渐次展开，如推广全员培训计划，特别是金融科技相关领域的区块链和数据分析等方面的培训。智链银行的转型并非一蹴而就，每一次的团队头脑风暴，每一场技能培训和教育，让员工们看到了自己与银行共同成长的轨迹。在一步步变革的过程中，张经理激励员工创新，授权员工决策，并着重强调团队精神，建立了以学习、领导力发展和团队合作为核心的企业文化。随着张经理及他的团队所推动的数字化转型落地，员工们逐渐从对技术的畏惧中解脱，充满自豪地成为银行转型的亲历者。

历经波折，智链银行终成行业内的变革典范。在张经理的带领下，智链银行不仅提升了运营效率，也让员工感受到了银行对他们职业发展真切的关怀。在对移动应用进行推广的过程中，张经理实施了一系列具备较高灵活性的策略，并积极响应员工反馈的问题和意见。这些举措使团队中流传着彼此协助的温暖故事，在和谐合作的氛围中，智链银行显现出卓越的凝聚力。而李主管，作为一次转变的见证者，也在为新的商业银行文化贡献着自己的力量。这不仅是一次成功的数字化转型，更是一段商业银行提升内部凝聚力、适应时代发展脚步的未来发展案例。

案例中，智链银行在张经理的指导下，针对数字化转型和金融科技的新挑战实施了一系列创新性举措，从而体现了其适应金融科技发展、强化员工教育和培训、优化企业文化和内部管理及持续改进和提高凝聚力的有效策略。

首先，为了适应金融科技的发展，智链银行在张经理的领导下，不但着手开发新的移动银行应用来提升客户体验，更将团队引向了一次积极的数字化学习和实践之旅。这一措施意味着银行正朝着成为一个技术驱动型企业迈进，通过不断实施创新项目来保持其在激烈市场竞争中的领先地位。

其次，为强化员工教育和培训，张经理推广了全员培训计划，特别是在金融科技相关领域，如区块链和数据分析等。这些举措有效地缩短了员工与前沿技术之间的距离，提升了他们的技能和适应各种金融环境变化的能力，这对智链银行不断适应行业变革至关重要。

再次，在优化企业文化和内部管理方面，张经理通过激励创新、授权决策和强调团队精神，建立了以学习、领导力发展和团队合作为核心的企业文化。李主管的疑虑与对抗演化为对改革的支持，展现了在管理与激励系统的不断优化下，企业内部凝聚力得到增强的过程。

最后，案例特别强调了持续改进和提升凝聚力的重要性。张经理对员工问题和意见的开放态度、对改革过程中出现的问题的快速响应，体现了智链银行创新不止步，持续改进的企业精神。

第三部分 商业银行

532模式之

岗位与建功机制

第十章

商业银行的岗位分配

第一节　商业银行岗位的分类与职责

国内的商业银行在岗位分类与职责方面，与国际银行体系大体保持了相对一致，但也有一些特定的职能和职责上的差异，这与中国的市场环境、监管政策和银行业务特点紧密相关。一般来说，商业银行的岗位分类及对应的职责有如下几种（如图10-1所示）。

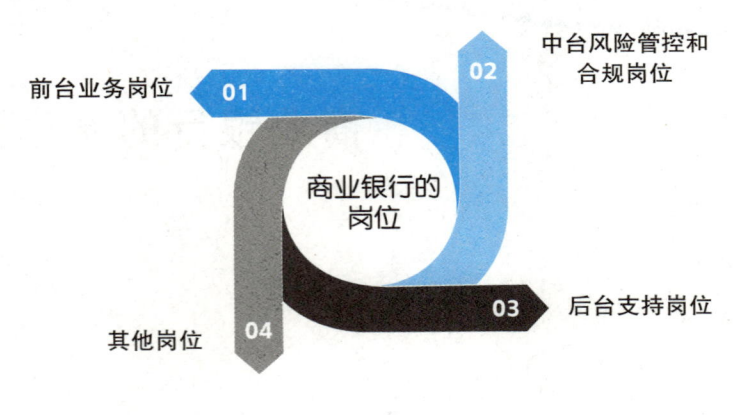

图10-1　商业银行的四类岗位

一、前台业务岗位

银行前台业务岗位通常指的是直接与客户接触并提供服务的岗位，这些岗位的职责主要为提供各类金融产品和服务，以及满足客户的日常交易需求。因此，前台岗位一般都需要具备优秀的沟通技巧、客户服务意识和一定程度的金融知识。银行前台业务人员往往是银行品牌和形象的代表，他们的表现直接影响客户体验和银行业务的成功。前台业务岗位包含了多个具体岗位，如柜员、客户经理、理财顾问、信贷顾问等。

柜员的主要职责：接待来访客户，处理日常的银行交易，如存款、取款、转账和汇款等；提供账户查询服务，帮助顾客解决账目问题；发行和激活银行卡，帮助客户办理相关的业务；检查交易文件的完整性和正确性，保证交易的合规性；提供基础的产品信息咨询服务，为客户推荐适合的银行服务和产品。

客户经理的主要职责：作为客户和银行之间的主要联络人，管理和深化与个人客户或企业客户的关系；了解客户的财务需求和风险偏好，为他们提供量身定制的金融解决方案；销售银行产品，如信用卡、个人贷款或商业贷款等；关注客户账户的动态，及时更新和调整服务策略；跟踪市场趋势和新产品信息等。

理财顾问的主要职责：为高净值个人客户提供财务规划、投资建议、资产管理等服务；评估客户的财务状况，开发财富增长和保护策略；推荐合适的投资产品，如股票、债券、基金、保险等；管理客户的投资组合，不断进行风险评估和策略调整；保持与客户的长期关系，为其全方位的财富增长提供支持和服务等。

信贷顾问的主要职责：向个人或公司客户提供贷款咨询服务，帮助他们获取贷款产品，如个人贷款、房屋按揭或商业贷款；审核贷款申请，包括评估申请人的信用状况、财务状况、还款能力等；解释贷款条款和条件，确保客户完全了解贷款产品；跟进贷款批准过程，确保所有贷款文件的准确性和完整性；维护客户关系，确保良好的贷后服务和客户满意度等。

二、中台风险管控和合规岗位

银行的中台岗位通常是指支撑银行前台业务的风险管理和合规保障体系中的相关岗位,它们在金融行业中具有关键的监控和控制职能。一般来说,中台岗位工作人员需具备深厚的专业知识、出色的分析能力和较强的判断力。这些岗位工作人员不直接面对客户,但对保障银行业务的安全、稳定和合规至关重要。他们的工作对于防范系统性风险和避免潜在的法律诉讼具有不可替代的作用。中台岗位包括风险管理师、合规分析师、审计员等,他们确保了银行运营的安全性、合规性和稳健性。

风险管理师的主要职责:负责制订和维护风险管理策略,包括市场风险、信用风险、操作风险等;进行风险评估,监控银行业务的潜在风险,制订预防和缓解措施;分析经济动态和市场趋势,预测可能的风险事件影响和损失;设计和实施内部控制系统,包括风险评分模型和监控工具;教育和培训银行员工关于风险意识和风险管理的知识等。

合规分析师的主要职责:监督和评估银行运营是否符合政府法规、行业标准及内部政策;分析并更新银行合规策略以应对新的法规或合规环境的变化;在内部流程中协助实施必要的合规控制和改进措施;进行合规检查和审计,确保银行各部门遵守相关法律和政策;提供合规培训和顾问服务,帮助员工理解和执行合规要求等。

审计员的主要职责:对银行的账目、业务流程和管理系统进行独立的检查与评估;识别操作中的缺陷、潜在欺诈行为和效率较低的环节,提出改进建议;在审计过程中维持严格的保密性和数据完整性;编制审计报告,概述发现的问题、原因分析和改进建议;追踪审计报告中的改进措施的实施情况和成效等。

三、后台支持岗位

银行的后台支持岗位是指负责处理银行内部的运营管理和技术支持任务的岗位，主要职能是确保银行的日常业务流程高效有序并且技术运行稳定。后台支持岗位的工作人员是银行运营的基石，虽然他们大多数时间不与客户直接交互，但他们的工作确保了银行业务流程的连续性和稳定性，支持着银行的整体运营和长期发展。他们需要具备良好的组织能力、注意细节、有技术专长和问题解决能力。后台支持包括了运营支持、IT支持、人力资源等多个部门和岗位。

运营支持人员的主要职责：处理后台的交易录入、核对、结算和账目调整等工作；确保所有交易数据的正确性，按照法规和内部流程完成业务处理；处理客户和前台部门的查询请求，解决交易执行中的问题；优化和维护内部流程，提高交易效率和降低操作风险；管理和存档银行文件资料，保证资料完整和可追溯等。

IT支持工程师的主要职责：保证银行信息系统的稳定运行，处理系统等方面的技术故障；负责日常的系统维护、数据备份和安全防护任务；参与软、硬件的升级和优化项目，提升银行业务的技术能力；解答IT相关的疑问，培训员工使用软件和硬件；监控网络和系统的安全状况，实施有效的网络安全策略等。

人力资源专员的主要职责：招聘新员工，包括从筛选简历到组织面试和入职培训的全过程；处理员工的薪酬、福利、退休计划等人事相关事宜；进行员工关系管理，包括解决劳动争议、调查工作满意度等；开展员工绩效管理和职业发展规划工作；确保公司政策和程序符合劳动法律法规的要求等。

四、其他岗位

在国内的商业银行中，还存在一些特定的岗位和部门，每一个都有其独特的职责和任务。这些岗位不仅对银行的运行至关重要，而且在为客户提供专业服务时也发挥着重要作用。

例如国际业务部门，提供国际结算服务（负责处理银行与外国银行之间的各类货币结算事务，包括但不限于信用证结算、汇款、外汇收支等）、贸易融资服务（提供涉外贸易资金融资服务，帮助出口商和进口商完成跨境交易，这包括开立信用证、保函服务和外汇贷款等）、外汇交易服务（进行外币兑换交易和外汇风险管理，包括即期和掉期等衍生品的交易）等。

又例如资产托管部门，包含资产托管服务（管理客户指定的资产，确保资产安全并依照客户指导执行投资决策）、资金管理服务（为基金管理公司、保险公司等金融机构提供现金管理、清算、财务报表编制及资产估值服务）、投资者服务（包括投资组合分析、市场信息提供及其他客户分析服务，帮助客户做出更加明智的投资决策）等。

第二节 建功机制的核心内容

建功机制的核心在于通过党建带动团建，强化理论学习的同时，注重以实践活动为载体进行教育，充分发挥员工的主体作用，并尊重和激发基层组织的创造性，旨在构建一种既能保障员工在岗位上实现个人发展，又能促进单位整体工作效能提高的长效机制。这种机制旨在更好地培育和激励新时代的员工为单位发展和社会进步做出积极贡献。建功机制的核心内容主要包括以下几点（如图 10-2 所示）：

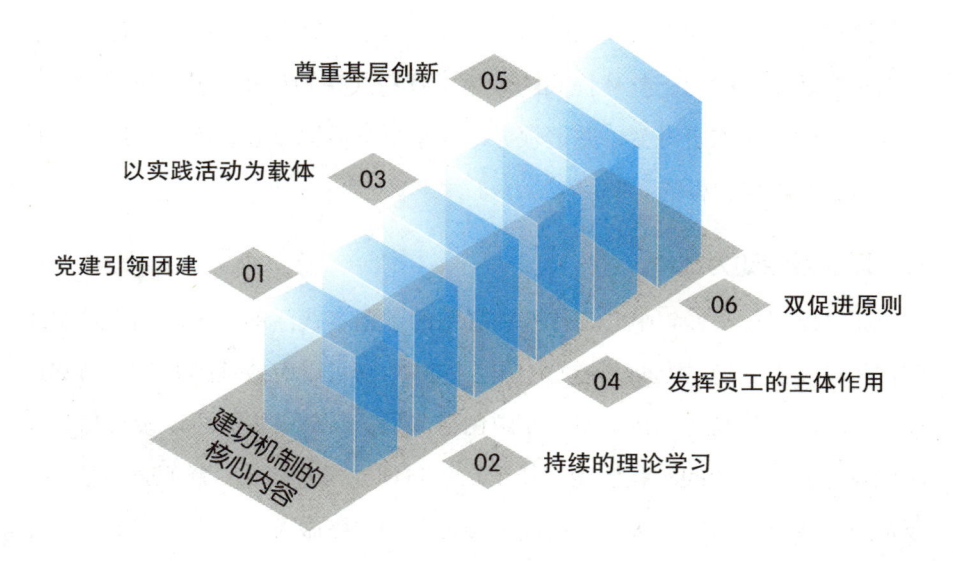

图 10-2 建功机制的六项核心内容

一、党建引领团建

强调党组织在团建工作中的领导地位，要求员工的工作要紧密结合党的大局方针，实现党建和团建工作的有机结合和相互促进。具体来说，可以组织定期的党团知识教育和活动，增强员工对党建重要性的认识；将党的政策方针和目标任务融入团建活动中，确保党建工作的具体落实；以党建为核心，统筹团建资源和活动，形成党团共建的良好氛围；开展形式多样的党团结合活动，提升员工的组织参与度和工作积极性。

二、持续的理论学习

坚持将理论学习作为提高员工思想政治素养的根本途径，通过不断学习党的理论、方针、政策、基本路线及社会主义核心价值观等，增强员工的理论武装，使其树立正确的世界观、人生观和价值观。可以安排固定的学习时间和内容，通过组织学习确保每位员工都能跟上时代节奏；利用数字化平台，例如在线教育平台和内部知识库，鼓励员工自学并分享学习心得；通过学习小组，实现集体学习、整体提高的效果，营造共享知识和经验的文化氛围；举办定期的讲座和研讨会，邀请领导或专家分享最新政策解读，增进员工对国家方针和党建目标的了解。

三、以实践活动为载体

通过组织和开展与中心工作紧密联系的主题实践活动，可以确立组织在培育和激发员工能力方面的核心作用。这些活动可以有效地提升员工的实践经验和技能，鼓励他们在本职工作中创造成绩。具体来说，可以设计与实际岗位业务紧密相关的实践活动，便于员工将理论与实践结合起来进行学习；鼓励员工通过参与志愿服务、技能大赛等活动，在服务中学习，在实践中提升；对岗位建功活动进行量化评价，充分认可员工在实践中取得的业绩和进步；强化反馈和评估机制，定期总结实践活动效果，并针对成效调整优化下一阶段工作计划。

四、发挥员工的主体作用

要鼓励员工发挥自主意识，参与到岗位建功活动中来，通过自我教育、自我改进和自我提高，发挥员工的主体作用，同时保证组织的号召和员工个人积极性一致。具体来说，要壮大员工自主参与意识，鼓励员工积极表达自己的想法和建议，为岗位建功活动贡献智慧和力量；通过民主评议、互评等方式，增加员工在活动和组织中的互动与参与度；辅以自我管理的团队建设，让员工参与决策，增强个体对团队的归属感和责任感；开展竞聘上岗、创新大赛等活动，让员工体验自我挑战和突破的成就感。

五、尊重基层创新

对基层团组织的创新工作表达尊重，鼓励基层团组织结合具体实际，大胆开展创新实践，探索新时期员工在岗位上建功立业的有效方法和长效机制。要激发基层组织的创新活力，倾听来自一线的声音，吸纳基层的创新提案和想法；设立创新基金或奖项，为基层组织提供必要的资源和支持，鼓励实践中的探索和实验；强化知识共享和信息交流平台，以便基层创新成果能够被有效传播和推广；定期举办创新成果展示和评奖活动，为基层的创新成果提供认可和荣誉激励。

六、双促进原则

将岗位建功活动与推动单位发展的各项工作紧密结合，既不耽误本职工作，又通过主题实践活动提升团员青年的工作激情和能力，实现个人成长与单位发展的双重促进。具体包括创造良好工作环境和文化氛围，使员工能够在积极向上的氛围中取得工作上的进步；将个人目标与组织目标紧密结合，通过明确的绩效评估和反馈机制，确保个人努力与单位需求的一致性；开发多元化的激励措施，如奖金、晋升、培训机会等，与员工的岗位建功直接挂钩，进行公平合理的回报；实施灵活的工作安排和自我发展计划，让员工在工作与成长之间找到平衡，促进工作与学习双赢的局面。

第三节　建功机制在商业银行岗位中的应用

建功机制在商业银行岗位中的应用往往是通过一个全面的人才管理和激励体系来实现的,这样可以激励并认可员工在各自岗位上做出的杰出贡献(如图 10-3 所示)。这种机制不仅奖励那些在业务中表现优异的员工,还鼓励所有员工发挥其职业上的最大潜能,以此作为推动银行整体发展的动力。

图 10-3　建功机制在商业银行中的六种应用

一、贯通党建与业务工作

在国内的商业银行中,建功机制常与党的建设相辅相成,注重在员工中指明正确的政治方向。通过有目标的组织生活及主题教育,银行增强了员工的政治意识和责任感,不断引导着员工在日常工作中做出更多的建设性成绩,确保政策落地生效。

二、激发个人潜力和创新

银行鼓励每一位员工不满足于现状，追求卓越成就，不断在各自岗位上激发创新思维，优化业务流程，并提高服务质量。员工追求创新，不仅能提升客户满意度，还能直接拉动银行的整体业绩增长。通过定期的内部创新竞赛和对员工建议方案的收集与实施，银行可以激励员工发现并解决工作中的各种问题。

三、评价与奖励的结合

银行通过构建公正透明的绩效评价体系，可以定期评估员工的工作业绩，以此为基础进行物质和精神上的双重奖励。表现出色的员工可以通过获得奖金、晋升机会、荣誉称号等多种形式得到认可。这种正向激励机制有助于员工积极开展工作，同时也为其他员工树立了标杆。

四、培育绩效文化

商业银行通过建功机制，可以激发员工追求高业绩的积极性，从而形成一种强调绩效的企业文化。这种文化鼓励全体员工以结果为导向，全情投入工作，同时也鼓励员工之间开展健康的竞争，不断提升自我，为银行塑造良好的品牌形象。

五、提供发展与成长的机会

商业银行需要不断开辟员工职业发展的道路，对于表现出色的员工，建功机制提供了结构化的职业发展规划，通过提供培训资源、制订领导力发展计划或允许参与高层次项目，帮助员工实现从个人成长到职业进步的跃迁。

六、全员参与

建功机制确保每位员工都有机会参与到激励体系中来，从基层到高层，从前线到后勤，无论岗位或等级，每位员工都可以在自己的岗位上有所作为并获得认可。这样的全员参与会促使员工跨部门协作，共享知识和技能，破除信息孤岛，增强团队合作精神，为商业银行打造了团结向上、协作互助的工作氛围。

第四节　中国银行岗位建功机制案例

中国银行江苏分行针对业务发展和员工激励的需求，推出了"岗位建功先锋"机制。这一机制是贯彻了总行关于重视基层的管理指导精神，整合了人力资源管理与党建工作，同时能够激励员工提升自身的政治能力和业务能力，鼓励员工积极参与到银行基层工作中，为组织带来积极贡献。

中国银行江苏分行的"岗位建功先锋"机制通过构建统一的评价体系，评选出业绩突出的员工，并对其给予荣誉、奖励、薪酬、休假、培训、提拔等全方位的激励。这一机制还特别强调将党员发展与表现优秀的员工紧密结合，以此作为党组织发展的重要途径。

实施细节包括以下几点：第一，绩效评价，全行统一的绩效评价标准和体系，对全行员工进行公正的业绩考核；第二，激励措施，设立奖金制度、晋升机会及提供专业培训和休假等，形成综合的激励体系；第三，组织文化建设，推动以奋斗者为本的绩效文化、公开透明的选人用人文化；第四，党建融合，将"岗位建功先锋"纳入党员发展和选拔体系，鼓励党员带头建功立业。

经过两个季度的实施，中国银行江苏分行取得了如下的成就和效果：累计评选出 21411 个优秀个人和集体；产生 7278 名"岗位建功先锋"，占全行总人数的 39.03%；具有 2 名及以上"岗位建功先锋"的网点占比达 97.45%；2023 年新发展党员中，"岗位建功先锋"占比 82.95%。

这些数据显示出，机制的成功实施有效提升了员工的工作积极性和绩效，并在整个组织中推广了优秀的工作方式和企业文化。它不仅奖励了在工作中表现突出的个人或集体，而且推动了政治能力建设并丰富了组织文化，实现了全行的绩效提升和党组织的强化。通过这样的机制，银行能够营造一种全员积极参与、努力拼搏、争做先锋的工作氛围，最终达成业绩增长和组织发展的目标。

中国银行江苏分行"岗位建功先锋"机制是商业银行通过人力资源管理创新提升员工工作动力、加强党的组织功能和提高业务绩效的成功案例。它不仅促进了员工的个人发展，也推动了整个分行的业绩增长和组织能力的提升。

在当前金融服务业竞争激烈及客户需求多变的环境中，中国银行江苏分行采用了"岗位建功先锋"机制来应对挑战，提升了员工动力并增进了业务绩效。下面将对该机制的实施效果进行分析。

第一，分行通过构建统一的业绩评价体系，确立了评价员工业绩的标准，激发了员工的竞争意识和业绩提升动力。这一措施的关键在于其公平性，所有员工在同一评价体系下接受考核，减少了不公平现象，提高了员工对评价体系的认同感。

第二，全面的激励措施，如奖金、晋升、培训机会等，提供了员工多维度发展的平台，不仅促进了短期内的业绩提升，也关注了员工的长期职业规划，提高了员工的忠诚度和稳定性。

第三，机制强化了组织文化，以奋斗者为主体的文化促进了员工内驱力的提升，公开透明的用人政策则让员工看到自己努力的意义，增强了工作的动力。

第四，通过将机制与党建工作深度融合，鼓励党员发挥先锋模范作用。这种结合充分利用了党组织在政治和业务发展方面的作用，党员的示范引领作用在提升组织凝聚力和员工业绩中发挥了积极效果。

从两个季度的实践结果来看,该机制的推广已显示出显著效果。具体体现在以下几个方面:评选出大量优秀个人和集体,说明了机制对于员工业绩提升的重要性;大比例员工被评为"岗位建功先锋",这代表绝大多数员工受到了此机制的积极影响;几乎所有网点都有"岗位建功先锋",说明机制深入到了基层工作中;新发展党员中有很高比例的人通过"岗位建功先锋"获得提名,这证明党建工作与业务相结合的策略是成功的。

总结而言,"岗位建功先锋"机制在提升个人绩效、增进团队合作及推动业绩增长方面产生了实质性的影响。此机制在江苏分行营造出了一个鼓励创新、追求卓越的工作氛围,并在员工中激发了积极参与、为银行贡献力量的热情。因此,"岗位建功先锋"机制可以被视为商业银行在人力资源管理和组织文化建设方面的一个成功案例,它展示出了管理创新对银行持续发展和员工动力提升的重要性。

第十一章

商业银行岗位中的建功机制

第一节 前台业务岗位中的建功机制

商业银行前台业务岗位的建功机制着眼于提升员工在客户面前展示银行品牌和提供服务的能力，并通过各种激励措施来表彰那些在工作中做出突出贡献的员工。前台业务岗位的员工，如柜员、客户经理、理财顾问和信贷顾问，需要直接面对客户，他们的服务质量直接影响银行的品牌形象和客户满意度。因此，建功机制的具体应用可以从以下几个方面着手（如图11-1所示）。

图11-1 建功机制在前台业务岗位中的六项具体应用

一、专业技能培养

商业银行不仅应为前台员工提供岗前培训，还应制订持续的职业发展计划。这些计划可以包括内部和外部的培训课程、向员工介绍最新的金融趋势和产品、教授先进的客户服务策略和使其熟悉高效工作工具。银行还可以通过进行定期的能力评估和技能测试，来确定员工对于培训的掌握情况，以及他们在实际工作中应用这些知识和技能的能力。这种定期的绩效反馈有助于指导员工的专业成长方向，并可以与员工个人的长期职业规划紧密结合。

二、绩效导向的评价体系

员工的评价体系应涵盖各个层面的工作指标，从个人业务成绩到团队协作能力、从客户反馈到长期客户关系管理等。先进的 CRM 系统和数据分析工具可以帮助管理层更准确地跟踪员工的绩效，并提供客观公正的评估结果。同时，应当确保评价周期的合理性，以便及时调整和优化员工的工作计划，激发员工改进和提升服务的动力。

三、正面激励机制

除了物质奖励和职位晋升外，还可以包括更多的非物质激励措施，如增加员工的工作自主性、提供更有挑战性的工作任务、建立员工荣誉墙等。银行可以通过举办定期的"员工风采"分享会，让优秀员工分享他们的成功故事和经验，从而增强员工之间的学习和互助。

四、品牌形象塑造

通过各种渠道加强品牌培训，如制作视频教程、手册和在线互动课程，确保前台员工对银行的核心价值观、服务承诺有深入的理解。如果能在日常工作中体现银行的服务理念，员工就能更好地将品牌形象传递给客户。

五、提供个性化发展路径

银行应该为员工提供多元化的职业发展机会，包括专业技能提升、职业层次晋升及横向职能转换等。银行可以通过设立导师制度、提供学术进修机会或建立与高等教育机构的合作项目等方式，满足不同员工的发展需求。

六、全面融入银行文化和业务战略

通过内部沟通渠道，如员工大会、内部新闻简报、网站和社交媒体，银行可以加强对员工关于业务战略和文化价值的宣传。鼓励员工提出对现有工作流程和银行业务战略的建议，形成自上而下和自下而上的双向沟通模式，增强员工对企业目标的认同感和投入感。这种共享的使命感有助于员工在工作过程中更好地为银行的长期发展出谋划策。

第二节　中台风控和合规岗位中的建功机制

建功机制在商业银行中台风险管控和合规岗位的具体应用体现在对这些职能部门内部员工的业绩评价、激励及职业发展上。由于中台岗位工作性质的特殊性，这些岗位的建功机制要考虑的不仅是业绩产出，更多的是工作质量、风险预防能力及合规意识（如图11-2所示）。

图11-2　建功机制在中台风控和合规岗位中的六项具体应用

一、专业能力提升

对中台岗位的员工来说，深厚的专业知识是他们履行职责的基础。建功机制需支持和鼓励他们进行持续的专业培训和资质认证，如鼓励风险管理师获取金融风险管理认证（CFRM）、合规分析师获取合规相关认证等。

二、风险预防与创新

由于中台岗位的工作重点在于监察和防范风险，建功机制可以着重奖励那些能够成功识别潜在风险并提出有效防范措施的员工。在风险预测模型、合规流程和审计技术上的创新突破也可以作为评价的一项重要指标。

三、绩效评估

风险管理和合规岗位的绩效评估可能涉及定期的合规检查表现、审计报告质量、风险管理决策的效力等。评价体系应综合考量这些因素，并且设立一个比较客观的绩效考核指标。

四、风险控制导向的奖励机制

创建以风险控制为导向的激励计划，对那些在日常工作中呈现出较高风险意识和控制能力的员工予以奖赏。这种激励可以是年终奖、一次性奖金及职位晋升等。这种机制强调的不是简单的业务量的完成，而是如何在避免重大风险的同时，保障业务流程的顺畅和合规。

五、职业生涯规划

建立清晰的职业晋升通道和职责范围，让中台员工清楚自己的职业生涯路线。银行可以通过设定明确的业绩和能力标准，为员工提供透明的晋升机会。此外，定期的职业规划辅导和管理层反馈可以帮助员工明确个人发展目标，激励他们在目前岗位上不断精进和创新。

六、组织文化融入

银行需要不断地向员工宣讲风险管理和合规文化的重要性，以此形成银行运营的基石。可以通过定期的风险管理论坛、合规新闻简报、模拟风险事故演练等多样化活动，让员工在实践中掌握预防和应对风险的技能。此外，鼓励员工主动报告可能的风险点和合规问题，银行对这种主动性给予肯定和奖励，以此推进风险防控文化的内化。

第三节 后台支持岗位中的建功机制

建功机制在商业银行后台支持岗位上的应用旨在确保这些通常不为公众所见的关键职能得到合理的认可和奖励，同时通过激励措施促使员工参与到提升整体业务运行效率和稳定性的行动中。在后台职能如运营支持、IT 支持、人力资源等部门的具体应用中，建功机制可以通过以下几个方面来体现（如图 11-3 所示）。

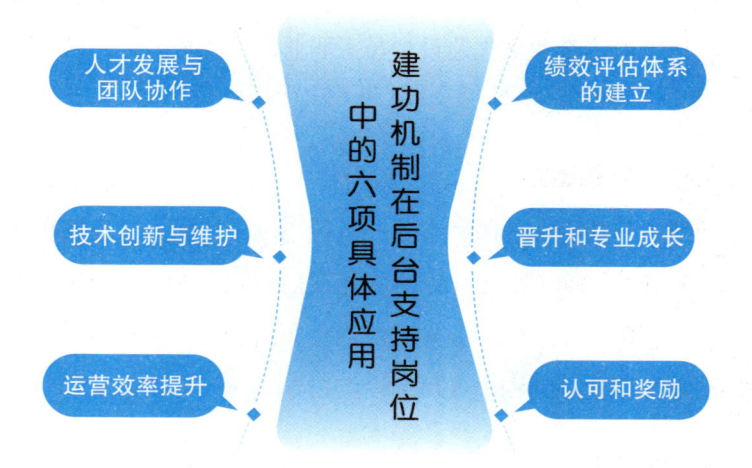

图 11-3　建功机制在后台支持岗位中的六项具体应用

建功机制在后台支持岗位中的六项具体应用：
- 人才发展与团队协作
- 绩效评估体系的建立
- 技术创新与维护
- 晋升和专业成长
- 运营效率提升
- 认可和奖励

一、运营效率提升

对后台工作人员来说，他们的工作效率直接影响银行的日常运营。因此，建功机制会奖励那些能够优化流程、节省成本和提高服务效率的员工，例如能够使用自动化工具减少手动处理错误的员工，或者能够优化业务流程以提高响应速度的团队。

二、技术创新与维护

在 IT 支持等技术密集型部门，建功机制可以奖励那些成功实施关键系统升级、增强数据安全性、开发新技术解决方案以提升业务能力的员工。这些贡献可通过实施技术创新、成功管理重大技术项目或保障系统零故障时间来衡量。

三、人才发展与团队协作

在人力资源等管理型部门，积极参与人才发展策略制订、优化招聘流程、提高员工满意度和促进团队协作等方面的贡献应被视为建功机制的重要组成部分。银行认可促进企业文化建设和员工职业成长的努力，可以增强员工的归属感和对组织的忠诚度。

四、绩效评估体系的建立

为了使绩效评估更加透明和有效，银行可以采用 360 度反馈机制，同时可以结合自我评估和客户反馈。这种多元评估方式有助于为员工提供一个全面的能力成长框架。定期的职业发展对话也应当成为评估体系的一部分，为员工提供清晰的职业规划和个人目标设定指导。

五、晋升和专业成长

后台员工的职业发展路径应明确，并与个人表现和贡献挂钩。可以建立一个在线学习平台，提供各种培训课程和专业认证资源，帮助员工随时随地提高专业技能。对于那些表现出色并有意愿承担更多责任的员工，应当开放内部职位竞聘机会，并提供必要的职业指导和支持。

六、认可和奖励

除了设立具体的奖金和福利外,还可以创建一个公开的表彰平台,让团队和个人成就在全行范围内得到认可。例如,通过内部通信或者公司大会,讲述他们的故事,传播他们的价值观,并对他们做出的贡献表示尊敬和感谢。这种形式的认可会极大提升员工的荣誉感和使命感。

第四节　管理岗位中的建功机制

商业银行管理岗位中的建功机制是一个旨在识别、奖励和激励管理人员对银行发展做出重大贡献的复杂体系。该体系不仅是为了表彰现有的成就，也是为了鼓励未来更高层次的绩效和领导力展现。以下是商业银行管理岗位中建功机制的几个主要组成部分（如图 11-4 所示）。

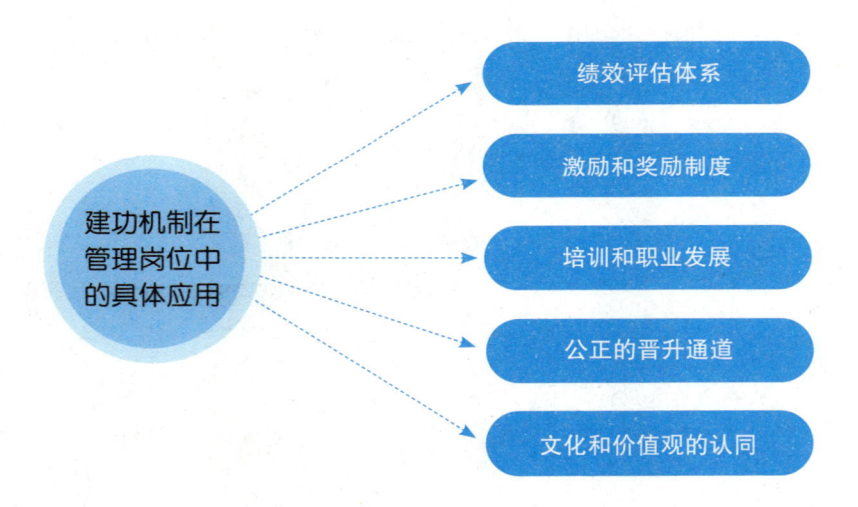

图 11-4　建功机制在管理岗位中的五项具体应用

一、绩效评估体系

绩效评估是建功机制中非常关键的组成部分之一。它通常涉及对管理人员的工作绩效进行定期和系统化的评价，这包括他们完成预定目标的程度、团队领导能力、决策质量、风险管理、创新能力及对银行整体战略贡献的情况。这些评估可以根据定量指标（如营业收入、成本控制、客户满意度）和定性指标（如同事反馈和自我评估）来进行。

二、激励和奖励制度

商业银行通常会基于绩效评估建立公正的激励和奖励制度。这包括提供金钱奖励、股票期权、晋升机会、额外的退休福利等，以表彰管理层对银行业绩所做出的贡献。这个机制旨在奖励那些在推动银行业绩增长、提高客户满意度、减少运营风险或通过创新优化业务流程等方面做出突出贡献的管理人员。

三、培训和职业发展

建功机制还应包括为管理人员提供培训和职业发展的机会，以帮助他们学习必需的技能，同时增强他们的职业承诺。这包括参加领导力培训课程、专业研讨会、行业会议，或者提供在更高级别管理职位或不同业务部门工作的机会等。

四、公正的晋升通道

在商业银行管理岗位的建功机制中，公正和透明的晋升通道扮演着至关重要的角色，它确保了银行能够基于业绩和潜力公平地提拔领导人才。晋升机会应当基于绩效评估结果及个人的能力和经验，而非仅仅基于资历或者关系。

五、文化和价值观的认同

最后，银行应确保其建功机制与企业文化和价值观相关联，激励管理人员秉持这些价值观并作为榜样带领团队。例如，如果银行提倡创新和客户为先的理念，那么建功机制就应当奖励那些引导团队发展创新服务方式和提升客户体验的管理人员。

第五节 建功机制对岗位工作提升的案例

近年来,随着互联网金融的兴起,中国银行江苏分行面对着不断升级的客户服务需求和日益激烈的市场竞争的挑战。特别是在数字化转型的大潮中,江苏分行管理层意识到,为了保持其市场地位,必须提高工作效率和服务质量。为此,管理层采取了如下几个措施:

第一,明确定义和细化沟通绩效目标。为前台柜员设定的绩效目标除了处理交易速度和准确率之外,还包括交叉产品的销售数量和质量,以及在客户关系管理系统中记录的客户互动数据。这些目标落实到每位柜员的日常工作中,为他们提供了明确的工作方向和期望值。

第二,实施绩效导向的奖励制度。中国银行江苏分行建立了一个动态的绩效管理平台,该平台以数据驱动的方式实时跟踪并展示员工的绩效。它对接各种内部系统,如交易系统、客户关系管理系统等,可直接反映员工达成绩效目标的情况。此外,银行特别强调绩效的长期稳定性,对于连续几个季度都表现优异的员工,银行提供额外的长期服务奖励。

第三,技能培训的专业化。中国银行江苏分行与多个专业教育机构合作,为员工设计了定制化的大型在线教育平台。平台覆盖从基础金融知识到高端财务管理的各种课程和模拟训练。贷款审批部门的员工还有机会参与到现场的业务实战演练中,提高其实战操作能力。

第四,强化内部沟通与反馈渠道。"中国银行江苏分行之声"是银行新设的内部沟通平台,员工可以通过这个平台分享工作中的困惑和见解,并为银行的运营和服务提供改进建议。银行建立了专门的团队定期审阅这些反馈，并将优秀的意见和建议转给相关部门，鼓励创新和改进的文化逐渐在银行内部形成。

第五，增强员工参与感和归属感。中国银行江苏分行推出了一系列员工活动，如"与CEO共进午餐""一线员工体验日"等，向员工提供更多与高层交流的机会，并让管理层更直接地理解一线员工的工作和挑战。员工对银行的发展有更多的话语权，这极大提升了他们的满意度和忠诚度。

实施这些措施后，银行的季度报告显示，前台柜员的交易处理时间平均缩短了15%，错误率降低了20%，而客户服务满意度提升了25%。信贷风险评估误差率下降了30%，客户贷款满意度上升了18%。员工离职率降低了10%，而内部晋升率提升了5%。银行业务整体实现了稳健增长，市场份额小幅提高。

中国银行江苏分行通过优化建功机制，不仅提升了员工的工作效率和服务质量，而且成功增强了员工的参与感和凝聚力，充分发挥了绩效管理在银行经营和人力资源管理中的积极作用。

中国银行江苏分行采取的一系列变革策略是为了应对互联网金融兴起带来的挑战和数字化转型的需求。银行通过建功机制的优化，全面提升了服务效率和质量，并且增强了员工的积极性和归属感。

通过明确沟通绩效目标、实施绩效导向的奖励制度、专业化技能培训、强化内部沟通与反馈机制、增强员工参与感与归属感等措施，中国银行江苏分行在员工工作效率、服务质量和客户满意度上均实现了显著提升。报告数据显示，前台柜员认识到了自身努力的价值，并在工作中获得了实际的成就感。信贷风险评估误差率的下降和客户满意度的上升，则表明了技能提升和专业化培训带来的正面效果。

此外，员工流失率的下降和内部晋升率的增加，表明银行成功地建立了稳定的员工队伍，同时保持了足够的机动性和发展空间。市场份额的提升则印证了中国银行江苏分行在市场中更具吸引力和竞争力。

通过这个案例，我们可以看到建功机制是如何成为商业银行提升工作效率与服务质量，以及增强员工凝聚力的关键工具的。它不仅是业务运营的促进器，更是员工发展和组织文化构建的重要机制。